"Dios ha bendecido a la Iglesia Gateway c   T0252951
El pastor Robert Morris comparte de m.
invalorables lecciones que tanto él como su equipo han aprendido
durante su recorrido. Su visión espiritual, y sus enseñanzas prácticas
le ayudarán a construir un ministerio más fuerte, profundo, y amplio".
—CRAIG GROESCHEL, pastor principal de
LifeChurch.tv y autor de *Soul Detox:
Clean Living in a Contaminated World*

"Tuve el privilegio de ver a la Iglesia Gateway en acción 'tras
bambalinas' y, con toda certeza, puedo decir que esta iglesia es mucho
más impresionante vista desde adentro que mirándola desde afuera.
El pastor Robert Morris ha realizado un servicio maravilloso para el
Reino de Dios al compartir la historia de la Iglesia Gateway en su
obra *Una iglesia de bendición* y ayudarnos a entender que el verdadero
asunto en el que debemos enfocarnos es la salud de la iglesia. Usted
no solo recibirá inspiración de la lectura de este libro, sino también
principios que funcionarán en cualquier iglesia (o negocio) que
realmente quiera aumentar su potencial al máximo".
—PERRY NOBLE, fundador y pastor
principal de la Iglesia NewSpring

"Nuestro mundo necesita urgentemente iglesias saludables y vibrantes.
Doy gracias a Robert Morris por haber escrito *Una iglesia de bendición*,
un libro que, basado en la experiencia de la Iglesia Gateway, describe
las características de una iglesia saludable. Más que cualquier cosa, la
pasión por Dios y el amor por el prójimo es lo que define el ministerio
del pastor Morris y de la Iglesia Gateway. Si usted desea que su iglesia
exhiba una vitalidad creciente, le sacará provecho a cada página de
Una iglesia de bendición.
—CHRIS HODGES, pastor principal de
Church of the Highlands

"Una iglesia saludable crece, ¡y lo mismo ocurre con sus miembros! Así
es la Iglesia Gateway. En *Una iglesia de bendición*, el pastor Robert
Morris nos dice que cualquier iglesia, independientemente del tamaño

que tenga, puede convertirse en un vibrante refugio espiritual tanto para sus pastores, como para sus ovejas".
—JOHN C. MAXWELL, autor y orador

"En *Una iglesia de bendición*, Robert Morris revela por qué la Iglesia Gateway, en Dallas/Fort Worth no solo se ha convertido en una de las iglesias más grandes de Estados Unidos, sino también en una de las más influyentes. La devoción con la que Robert ha dirigido a este gran rebaño es una de las razones por las que la Iglesia Gateway ha sido tan bendecida. En *Una iglesia de bendición*, son explicados en detalle los principios bíblicos que conducen al Cuerpo de Cristo al éxito verdadero. Si usted ama a su iglesia como Robert y yo lo hacemos, no puede perderse las enseñanzas incluidas en este útil y práctico libro".
—DR. TONY EVANS, pastor principal en
Oak Cliff Bible Fellowship y presidente
de The Urban Alternative

"Cuando me refiero a *Una iglesia de bendición*, hablo de mi propia experiencia. Mi esposa Betty y yo somos miembros activos de la Iglesia Gateway, dirigida por los esposos Morris. En ella hemos presenciado y experimentado el poder dinámico y los profundos resultados que se han producido en nuestras vidas, en la comunidad, en la Iglesia en general, y en toda la nación. Los miembros de *Una iglesia de bendición* viven vidas bendecidas y buscan continuamente ser una bendición para otros. A través del liderazgo del pastor Morris la Iglesia Gateway se ha convertido en un modelo y en la inspiración para la Iglesia mundial. ¡Su iglesia puede experimentar las abundantes bendiciones de nuestro Dios y Padre ahora mismo, aquí en la tierra!".
—JAMES ROBISON, fundador y presidente
de LIFE Outreach International y
presentador de LIFE Today

"Robert ha creado un espléndido manual para la victoria en la Iglesia. Todo pastor puede aprender de las instrucciones y la sabiduría que Dios le ha dado a Robert y al equipo de la Iglesia Gateway. De hecho, tengo la absoluta seguridad de que poner en práctica los principios bíblicos de salud y crecimiento expuestos en *La iglesia verdadera*, nos ayudará a todos a llevar adelante la Gran Comisión, a experimentar una transformación radical, y a ser una bendición en nuestras comunidades".

—TOM MULLINS, pastor fundador de
la Christ Fellowship Church

"Todo pastor, laico, líder y miembros de iglesia debería leer *Una iglesia de bendición*. Morris ya nos tiene acostumbrados. *Una iglesia de bendición* es una lectura agradable e inspiradora que debe ser leída por todo el que quiera que su iglesia avance bajo la bendición de Dios".

—DR. MARK RUTLAND, expresidente de
la Universidad Oral Roberts, y presidente
de Global Servants

"La historia de la Iglesia Gateway es una historia de confianza radical, de esfuerzo, y de fidelidad a Dios. Ahora mi amigo Robert Morris ha escrito un libro en el que cuenta esa historia extraordinaria. ¡Léalo! Usted se dará cuenta de que Dios desea bendecir su iglesia más de lo que usted jamás imaginó".

—GREG SURRATT, pastor principal de
la Iglesia Seacoast

"Robert Morris ha sido mi amigo cercano durante más de veinte años, y cuando comenzó la Iglesia Gateway. Yo fui mentor personal de Robert y le enseñé lo que sabía sobre cómo dirigir una iglesia, liderazgo, y otros asuntos de importancia. Robert siempre se mostró, y aún es una persona humilde, dispuesta al aprendizaje, y comprometida en hacer la voluntad de Dios. En mi opinión, esta es la razón principal por la que Dios ha derramado sus bendiciones sobre la Iglesia Gateway. *Una iglesia de bendición* es una obra indispensable para todo el que quiera saber cómo construir una iglesia que sea bendecida por Dios".

—JIMMY EVANS, primer anciano en la
Trinity Fellowship Church y director
general y fundador de MarriageToday

ROBERT MORRIS

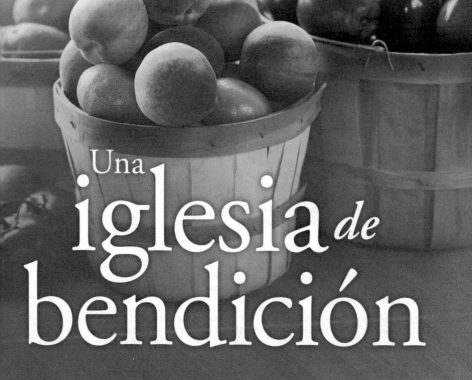

Una iglesia de bendición

CASA CREACIÓN

Para vivir la Palabra

Para vivir la Palabra

MANTÉNGANSE ALERTA;
PERMANEZCAN FIRMES EN LA FE;
SEAN VALIENTES Y FUERTES.
—1 CORINTIOS 16:13 (NVI)

Una iglesia de bendición por Robert Morris
Publicado por Casa Creación
Miami, Florida
www.casacreacion.com
©2014 Derechos reservados

Library of Congress Control Number: 2014933975
ISBN: 978-1-62136-880-9
E-book ISBN: 978-1-62136-883-0

Desarrollo editorial: *Grupo Nivel Uno, Inc.*
Adaptación de diseño interior y portada: *Grupo Nivel Uno, Inc.*

Publicado originalmente en inglés bajo el título:
The Blessed Church por Robert Morris
Copyright © 2012 by Robert Morris
Publicado por WaterBrook Press,
un sello de The Crown Publishing Group,
es una división de Random House, LLC.
12265 Oracle Boulevard, Suite 200
Derechos Internacionales contratados a través de:
Gospel Literature International
P. O. Box 4060, Ontario, California 91761-1003 USA

Nota de la editorial: Aunque el autor hizo todo lo posible por proveer teléfonos y
páginas de internet correctos al momento de la publicación de este libro, ni la editorial
ni el autor se responsabilizan por errores o cambios que puedan surgir luego de haberse
publicado.

Impreso en Colombia

22 23 24 25 26 LBS 9 8 7 6 5 4 3 2 1

Este libro está dedicado a Bill Hybels, quien ha sido para mí un ejemplo de lo que es un liderazgo y una iglesia bendecidos. Él sigue en su camino de humildad, transparencia, integridad, y determinación para convertir a los no religiosos en devotos seguidores de Cristo.

~~~

Bill, estoy muy agradecido por nuestra amistad, y por todo el tiempo que has compartido conmigo a nivel personal. Aunque jamás hubiésemos tenido una sola conversación cara a cara, tu vida, tu experiencia, tus enseñanzas y tus escritos igual me habrían inspirado a vivir de cierta manera y a inspirar a otros a hacer lo mismo: ¡Alimentar una pasión sincera por Jesús y por los demás, y mantener a su Iglesia saludable para que esta pueda lograr grandes resultados!

Contenido

Reconocimiento

Quiero agradecer a los miembros, voluntarios, empleados, y ancianos de la Iglesia Gateway. Sin ustedes, este libro no habría sido posible. Es un honor para mí servir a Dios junto a ustedes.

A David Holland, mi fiel amigo y colaborador en este libro; así como a muchos otros. Gracias por ayudarme a expresar en palabras los principios que Dios ha puesto en mi corazón.

Introducción

En la medida de lo posible hemos ido levantando la Iglesia Gateway sobre principios que han traído bendiciones sobre nosotros, y al mismo tiempo han servido para alcanzar y discipular a otras personas que a su vez alcanzan a otros. Escribo este libro para compartir estos principios, porque deseo hacer lo que tenga a mi alcance para construir el Reino de Dios a través de su iglesia local.

Lo que trato de abordar en este libro son los principios sobre los cuales se erige toda iglesia saludable. Hablo obviamente desde la perspectiva de la Iglesia Gateway porque es la iglesia en la que sirvo, y no porque crea que es la única iglesia saludable o la más saludable. Continuamente estamos aprendiendo cosas nuevas de muchos otros en el Cuerpo de Cristo. ¡Yo particularmente me siento satisfecho de que hemos soltado las espadas para tomar los arados y trabajar juntos!

Hace un tiempo, mientras el pastor Jack Hayford y yo conversábamos con otros pastores, Jack dijo: "¡Ustedes están haciendo las preguntas equivocadas! Siempre le preguntan a Robert *cómo* la Iglesia Gateway hace esto o aquello, y lo que tienen que preguntarle es *por qué* lo hace; cuáles son los principios detrás de sus políticas".

Este comentario me puso a pensar. *¿He cometido el error de explicarles a los líderes cómo lo hago, pero no por qué lo hago? ¿Me he enfocado más en los métodos que en los motivos? ¿En las acciones en vez que en las actitudes? ¿En la mente en vez que en el corazón?*

Cuando comencé a escribir este libro, le puse como título *Aquello que es saludable crece*, pues creo de corazón que la salud espiritual es la clave para el crecimiento de la iglesia (y cuando hablo de crecimiento de la iglesia me refiero a alcanzar a quienes no conocen a Cristo y disciplinarlos para que hagan los mismo). La bendición de Dios produce salud espiritual, y la salud espiritual produce bendiciones de

Dios. Creo que es necesario entender los *métodos* para el crecimiento de la iglesia, pero más importante que eso es entender el *porqué*.

Esta obra ha sido un proyecto realizado en colaboración, e incorpora las experiencias de muchos de los integrantes del equipo de la Iglesia Gateway. Entre ellos destaca mi querido amigo y copastor Tom Lane. Tom ha dedicado muchos años a estudiar la Palabra de Dios, orando y analizando a fondo los diferentes modelos bíblicos de dirección y administración de la iglesia. Él ha sido una enorme bendición para el Cuerpo de Cristo, para la iglesia, y también para mí. Gentilmente, ha puesto a disposición de esta obra las riquezas de su sabiduría y sus conocimientos.

Steve Dulin, uno de nuestros ancianos fundadores, ha aportado sus conocimientos y anécdotas, al igual que gran parte del equipo de pastores de la Iglesia Gateway, incluyendo Thomas Miller, quien es copastor principal de la iglesia (su pastor y director de adoración original), y David Smith, otro de los copastores. De hecho, logré que prácticamente todo el equipo participara en este proyecto a través de sus conocimientos, ideas, percepciones y experiencias.

Lo invito a leer este libro con la mente y el corazón abiertos. Seguramente encontrará cosas que usted diría de otra manera, o con las que no está de acuerdo, o que simplemente no son relevantes para usted; pero no por ello descarte el resto. Estos principios están basados en mi comprensión de las Escrituras, y son puestas a prueba a diario. ¡Deseo de corazón que Dios le dé una pizca de sabiduría y de revelación que lo lleve mucho más allá que a mí, de manera que juntos desalojemos el infierno y poblemos el cielo! ¡Que las iglesias que dirijamos sean bendecidas por Dios, y que estas a su vez sean una bendición!

"A vosotros primeramente, Dios, habiendo levantado a su
Hijo, lo envió para que os *bendijese*, a fin de que *cada uno*
se convierta de su maldad" (Hch. 3:26).

PRIMERA PARTE

La historia de la Iglesia Gateway

1

La historia de Dios, no la nuestra

No era un astronauta en una nave espacial rumbo a Marte, pero me encontraba más lejos de mi querido norte de Texas que cualquier otra persona. Acababa de terminar mi charla en una conferencia para pastores en Australia, cuando un joven ministro de Nueva Zelanda se acercó con una pregunta que me era familiar: "¿Cuál es el secreto?". Fue directo al grano, sin rodeos. Yo sabía muy bien a lo que él se refería, pero igualmente le pregunté:

—¿El secreto de qué?

—Del crecimiento de Gateway—me dijo—. Es decir, ¿qué es lo que está ocurriendo allí? ¿Qué están haciendo en ese lugar?

Él estaba hablando de la Iglesia Gateway, la congregación que tengo el privilegio de dirigir. En el "qué está ocurriendo" en el centro de esta pregunta hay una historia constante de crecimiento extraordinario y creciente influencia.

¿Cuán extraordinario? Pues bien, Gateway comenzó con un puñado de amigos reunidos para estudiar la Biblia en la sala de una casa en el año 2000. Mientras escribo estas líneas, la iglesia recibe más de veinte mil personas en sus servicios de adoración cada fin de semana. El crecimiento ha sido continuo y espectacular, y no da señales de detenerse. En las siguientes páginas revelaré por qué creo que hemos recibido las bendiciones que disfrutamos.

Sin embargo, he de confesar que tuve que lidiar con ciertos sentimientos de renuencia e incomodidad antes de comenzar a escribir este libro.

Ocurre que la última cosa que yo o cualquiera de nuestro equipo quisiera, es lucir presuntuosos o como que nos estamos dando palmaditas en la espalda a nosotros mismos. El solo hecho de pensar que alguien diga: "¿Quién se cree este que es?" me hace querer encogerme y agradecer a Dios por mis bendiciones de manera silenciosa. Pero el Señor no lo permitiría.

En verdad, yo no creo tener nada especial. En todo el pueblo de Dios soy el que tengo más claro que lo que hemos experimentado durante los últimos doce años no tiene nada que ver con los talentos, la inteligencia, o las capacidades que yo pueda poseer.

Por el contrario, yo podría ser el candidato menos adecuado que usted pudiera encontrar. Pero Dios actúa así. Él escogió a Pedro, el pescador menos educado y más rústico para llevar el evangelio a la crema de la sociedad judía. Y envió a Pablo, con su refinada educación y su formación religiosa, a los paganos gentiles, a quienes les importaba un comino sus credenciales judías.

Yo no soy el mejor ejemplo del poder del talento natural, del uso de astutas estrategias o de la sagacidad para desarrollar iglesias. Soy más bien un testamento vivo del poder de la inconmensurable gracia de Dios.

Sin embargo, es imposible negar que Dios ha hecho algo excepcional en la Iglesia Gateway. Dondequiera que vamos, tanto a los miembros del equipo como a mí nos preguntan siempre de distintas maneras:

- "¿Cuál es su secreto?".
- "¿A qué atribuyen el asombroso ritmo de crecimiento de su iglesia?".
- "¿Cómo hicieron para convertirse en una de las iglesias más grandes y de mayor proyección de Estados Unidos en tan pocos años?".
- "¿Cómo han logrado mantener el equilibrio, la salud espiritual, y el enfoque, estando montados en ese cohete de crecimiento virtual?".
- ¿Cómo identifican, desarrollan, y atraen líderes para su causa?".

He decidido escribir este libro con el objetivo de dar respuestas claras y con un espíritu de transparencia, humildad, y gratitud a estas interrogantes. Para ser sincero, no creo que Dios hubiera permitido librarme de hacerlo.

Al fin y al cabo, el Señor ha demostrado que Él quiere que la historia de la Iglesia Gateway se sepa porque es *su historia*. No porque nosotros hemos hecho algo correctamente, sino porque Él ha logrado algo especial *a pesar de* nuestras debilidades y errores. Él quiere que estos principios sean compartidos porque son *sus* principios, y las decenas de miles de iglesias dispersas por todo el planeta también son suyas. Él quiere verlas saludables, creciendo, influyendo su mundo y alcanzando la victoria.

En las siguientes páginas compartiré lo que hemos aprendido y lo que he encontrado en la Palabra, no porque yo tenga todas las respuestas, sino porque tengo *algunas* respuestas. Unas cuantas de ellas podrían sorprenderlo. Por consiguiente, a lo largo del libro encontrará pequeñas verdades e ideas que he denominado "Secretos para una iglesia de bendición".

Para comenzar, haré un breve resumen de cómo llegué a fundar la Iglesia Gateway, y el asombroso camino de bendiciones que bajo el amparo de Dios hemos recorrido durante los últimos doce años. Luego compartiré los principios espirituales, los preceptos bíblicos, las lecciones aprendidas a través de las dificultades, y los conocimientos que han hecho que el recorrido haya sido tan extraordinario.

2

Escuchar a Dios

YO ERA UN NIÑO REBELDE Y ATRAÍDO POR EL PECADO QUE VIVÍA en un maravilloso hogar cristiano; pero cuando el Señor tocó mi vida a mis diecinueve años, me asió de manera firme e inquebrantable.

Poco después de mi extraordinaria experiencia de salvación—retrospectivamente podría decir que demasiado rápido—, comencé mi ministerio como un joven evangelista, predicando y dando charlas a lo largo del país. Pablo advierte claramente sobre los peligros de colocar muy pronto a jóvenes creyentes en posiciones ministeriales de alto perfil (ver 1 Tim. 3:6). Pero yo amaba a Dios, sentía su llamado, tenía un ferviente deseo de trabajar por las almas, y estaba comprometido a servirlo por el resto de mi vida.

Eso me impulsó a estudiar teología, y finalmente a formar parte del equipo pastoral de una iglesia maravillosa y llena del Espíritu en Grand Prairie, Texas. Me refiero a la Iglesia Shady Grove, dirigida por un sabio y talentoso hombre de Dios, mi amigo y padre espiritual, Olen Griffing.

Bajo el liderazgo de Olen cumplí una variedad de funciones durante más de una década, entre ellas la de pastor evangelista. En la madurez de los treinta y un años yo ya era padre de tres pequeños. Estaba feliz y satisfecho, y me sentía fructífero. Un día, Olen y yo íbamos juntos en el vehículo, cuando de repente Olen mencionó algo inesperado que cambió mis perspectivas, y finalmente mi vida.

Me dijo que él sabía que no podría servir para siempre como pastor principal de Shady Grove, y que en algún momento, tal vez en un período de tres o cinco años, pensaba jubilarse. Para mi sorpresa, me dijo que él me veía como la primera opción para sustituirlo cuando llegara ese día. Me animó a considerar el asunto y a ponerlo en oración, como preparación para el futuro.

De todo corazón les confieso que antes de ese día jamás había considerado la idea de servir como pastor principal en ninguna iglesia, incluyendo Shady Grove. Siempre había pensado que si algún día el Señor me apartaba de Shady Grove sería para comenzar nuevamente a hacer evangelismo itinerante.

Por supuesto, al llegar a casa inmediatamente le conté a mi esposa Debbie la inesperada conversación. De hecho, ella la anotó en su diario esa noche. La mañana siguiente, en la quietud de mi hogar, le pregunté a Dios directamente sobre el asunto: *Señor, ¿es esto lo que tienes para mí? ¿Deseas que sea el pastor principal de una iglesia algún día?*

Yo no le pregunté específicamente por Shady Grove, ya que antes de escuchar su respuesta sobre mi futuro en ese lugar, necesitaba saber qué era lo que Él quería que hiciera.

Sí, Robert, fue la respuesta que obtuve de parte de la voz familiar de Dios. Pero dijo algo más.

Antes de contar qué fue lo que me dijo, debo aclarar que yo siempre he tenido una relación con Dios en la que puedo escucharlo claramente. Cuando sintonizo el oído de mi corazón con su voz, Él me habla de manera precisa y detallada, así como pudiera hablarme mi esposa o cualquier amigo cercano. Si esto le parece extraño, debo explicarle que esta capacidad no es un don especial reservado únicamente para unos pocos profetas. La capacidad de escuchar la voz de Dios representa el derecho de nacimiento de cada creyente (en este libro no vamos a explicar de lleno este asunto, pero es un tema que desarrollo en detalle y bíblicamente en mi libro *The God I Never Knew: How Real Friendship with the Holy Spirit Can Change Your Life*).

Después de responderme que efectivamente mi destino era ser un pastor principal, el Señor me dijo que esto no era algo que ocurriría inmediatamente. De hecho, fue específico. Me dijo que sería pastor principal de una iglesia a mis treinta y ocho años. En otras palabras, en siete años.

En ese momento de mi vida siete años en el futuro parecían una eternidad, así que atesoré la información que recibí y oré por ella cada vez que el Señor la trajo a mi memoria.

Los años siguientes fueron de aprendizaje y crecimiento, tanto en mi vida espiritual como en mi experiencia en el ministerio. Olen era un mentor extraordinario, y aprendí mucho sobre cómo dirigir una congregación tan solo viéndolo y escuchándolo.

Por supuesto, al acercarme a los treinta y ocho años aumentó mi ansiedad por ver qué puerta abriría el Señor para cumplir la palabra que me había dado años atrás. La mayor parte del tiempo supuse que comenzaría a dirigir la Iglesia Shady Grove apenas Olsen decidiera que era el momento de retirarse. Sin embargo, en los meses finales de ese período de preparación de siete años comencé a sentir que después de todo tal vez eso no era lo que el Señor tenía preparado para mí.

Finalmente, el día antes de cumplir treinta y ocho años se aclaró el panorama. Ocurrió algo que me indicó que tal vez faltaban varios años más para que la posición de pastor principal en Shady Grove quedara vacante. Sin duda se trataba de la mano providencial de Dios trabajando por el bien de todos los involucrados, incluyendo la Iglesia Shady Grove. No obstante, en ese momento me vi forzado a replantear mis planes y expectativas.

Inmediatamente después de esta revelación, conversé con varios amigos cercanos del asunto. Les pregunté de manera abierta si tal vez habría otra iglesia en algún lugar de Estados Unidos que necesitara un pastor principal. Entonces, alguien me sugirió que por qué no fundaba una iglesia en otra área de la zona metropolitana de Dallas/Fort Worth.

Otro más dijo lo mismo, y en consecuencia comencé a plantearme la posibilidad de hacerlo. Al principio mi respuesta fue: "Esa puede ser una buena alternativa. Podría fundar la iglesia en un lugar retirado de Shady Grove, de manera de no atraer a sus miembros a mi congregación".

En medio del fluir profético de la conversación, repentinamente un temor santo se apoderó de mí. Dije: "¡Espera! ¡Para! ¡No podemos hablar de esto. No puedo seguir alimentando esta idea en mi mente porque Dios no me ha hablado de ello".

El solo hecho de pensar en hacer algo de esa magnitud sin tener una confirmación clara de Dios me dio escalofríos. Dije: "Yo los aprecio mucho, amigos, y agradezco todo su apoyo, pero este es un asunto del que no podemos hablar a menos que Dios me lo mencione".

El día siguiente lo tomé para estar a solas con Dios en oración, y fue un momento maravilloso de comunión con el Señor. En el proceso, Dios me dirigió a dos pasajes que señalaban el destino que Él quería para mí.

El primero estaba en Génesis 35. En este pasaje, el Señor le dice a Jacob: "Levántate y sube a Bet-el, y quédate allí; y haz allí un altar al Dios que te apareció cuando huías de tu hermano Esaú" (Gn. 35:1). Cuando mi vista se posó sobre este versículo, el Espíritu Santo fijó en mí mente la idea de que este tenía un significado especial para el momento que estaba viviendo. Recordé que *Bet-el* significa literalmente "casa de Dios".

El mandato de Dios en este versículo era prácticamente literal: "Levántate, vete a otro lugar, y haz un lugar de adoración, erige la casa de Dios". Para un predicador que necesitaba saber cuál era el paso que debía dar, este versículo estaba lleno de información y significado.

⚘ Secretos para una iglesia de bendición

Cuando tenga que tomar una decisión importante o tenga un reto por delante, no actúe sin haber estado primero a solas con Dios y recibir su consejo.

"Lámpara es a mis pies tu palabra, y lumbrera a mi camino" (Sal. 119:105).

Entonces el Señor encontró una manera de dirigir mi atención hacia otro pasaje incluso más misterioso: Deuteronomio 11. Este capítulo contiene las instrucciones de Dios para su pueblo cuando este estaba a punto de entrar a la tierra prometida para poseerla. Estos versículos están llenos de referencias sobre tomar una nueva tierra, y todas parecían hablarme directamente.

El penúltimo versículo del capítulo repercutió como un trueno en mi espíritu: "Ustedes están a punto de cruzar el Jordán y entrar a tomar posesión de la tierra que les da el Señor su Dios" (Dt. 11:31, NVI).

Desde ese día y durante los siguientes años Dios usó este capítulo cientos de veces para hablarme (más adelante contaré un poco más de esto). Por ahora solo quiero que sepan que a partir de ese día comencé a orar, estudiar, y comunicarme con mi Padre celestial con una certeza clara de mi futuro.

Establecer una iglesia no era solo una buena idea: era la idea que Dios tenía para mí. Le conté a Olen lo que Dios me estaba comunicando, y me respondió con su sabiduría y disposición características. Me recomendó que fuera a Shady Grove y contara a los ancianos de la iglesia lo mismo que yo le había dicho. Que les abriera mi corazón y escuchara sus consejos.

Esto no debió haber sido fácil para mi amigo y mentor. Olen era como un padre para mí, y yo como su hijo. Enterarse de todos estos planes ha de haber sido como cuando el hijo de un comerciante le dice a su padre inesperadamente que no quiere hacerse cargo del negocio de la familia.

A la final, todos estuvieron de acuerdo en que yo debía apartarme de Shady Grove antes de dar inicio a cualquier otro proyecto. Esto minimizaría cualquier tendencia a que los miembros de Shady Grove afines a mi persona quisieran seguirme a mi nuevo lugar de trabajo.

Yo estuve completamente de acuerdo. No quería dar inicio a esta nueva fase de mi vida y mi ministerio de la manera equivocada. Las palabras de Deuteronomio 11 me habían convencido de que si quería la bendición de Dios en esta nueva tierra, tenía que entrar a ella con absoluta obediencia y pureza.

> "Ten cuidado. No dejes que tu corazón sea engañado y
> entonces te alejes del Señor y sirvas y rindas culto a otros
> dioses. Si haces eso, el enojo del Señor arderá contra ti.
> Entonces cerrará el cielo y detendrá la lluvia, y la tierra
> dejará de producir sus cosechas, así que pronto morirás en
> esa buena tierra que el Señor te da" (Dt. 11:16–17, NVI)

Luego le pregunté a Olen y a los ancianos de Shady Grove si no les gustaría cumplir un papel primordial en el nacimiento de esta nueva obra participando en el establecimiento oficial de mi iglesia y sirviendo como sus mentores. Después de orar al respecto, Dios fijó en sus mentes el mensaje de que Shady Grove no sería la iglesia madre de esta iglesia embrionaria. Una vez más Dios les mostró a estos hombres cómo se desarrollarían las cosas.

En esos días yo había buscado el consejo de Jimmy Evans, pastor de la Iglesia Trinity Fellowship en Amarillo, Texas. La Iglesia Trinity es una de las más sólidas y saludables que yo he visto en mi vida. Bajo el liderazgo de Jimmy, la iglesia pasó de tener unos novecientos miembros a más de ocho mil, todo en una comunidad con una población de menos de doscientas mil personas. Él y su esposa Karen son también fundadores de un exitoso ministerio dedicado a las familias y los matrimonios llamado MarriageToday.

Para ese momento, la Trinity Fellowship había establecido bajo su dirección una asociación estratégica con iglesias similares del oeste de Texas, Nuevo México, y Oklahoma. La Trinity Fellowship Association of Churches (TFAC) ha aconsejado, proveído cobertura, ministrado, y ayudado a docenas de noveles iglesias en el saliente del norte de Texas.

Después de escuchar la decisión de la Iglesia Shady Grove, fui a visitar a Jimmy para que me aconsejara. Luego de orar al respecto, Jimmy se me acercó con una sugerencia que resultó ser la solución enviada del cielo.

Sugirió que comenzara a trabajar en la TFAC durante un tiempo como evangelista, predicando en las diversas iglesias pertenecientes a la TFAC según lo necesitaran. Esto proveería para el sustento de mi familia, y al mismo tiempo me ayudaría a cumplir el compromiso que hice con Shady Grove de aguardar un poco antes de dar inicio a otra iglesia. Cumplí esta función con gratitud, pero al mismo tiempo pidiéndole a Dios que me diera instrucciones precisas sobre algunos asuntos, como dónde establecer la iglesia, cómo llamarla, y cuándo comenzar.

Una serie de señales precisas nos impulsaron hacia el área de Southlake, una creciente ciudad dormitorio tanto de Dallas como de Fort Worth, en Texas.

En cuanto al nombre, el Señor usó nuevamente a Jacob en el Antiguo Testamento para señalar el rumbo. Yo estaba orando y leyendo la Palabra con este asunto de la ubicación en mi cabeza, cuando de repente me topé con el capítulo 28 de Génesis. Este es el famoso pasaje en el que Jacob se queda dormido mirando a las estrellas, tan mal apertrechado que tuvo que usar una piedra como almohada. Jacob tuvo un sueño en el que vio los cielos abiertos y ángeles ascendiendo y descendiendo entre el cielo y la tierra.

En su sueño, Jacob tuvo un encuentro con Dios, y Dios le hizo una promesa maravillosa. Al despertar, Jacob estaba comprensiblemente emocionado, y expresó a viva voz:

> "'¡Ciertamente el Señor está en este lugar, y yo ni me di
> cuenta!'; pero también tuvo temor y dijo: '¡Qué tan temible
> es este lugar! No es ni más ni menos que la casa de Dios, ¡la
> puerta misma del cielo!'" (Gn. 28:16–17, NTV).

Una frase saltó delante de mis ojos: "¡la puerta* misma del cielo!". Lo que Jacob describió emocionado esa mañana era exactamente lo que yo anhelaba en mi corazón para esta nueva iglesia. Lo que Jacob describió emocionado esa mañana era exactamente lo que yo deseaba en mi corazón para mi nueva iglesia. Yo quería que fuera un lugar en el que la gente encontrara la presencia de Dios, en el que aquellos que jamás hubieran experimentado el amor, el poder, y la paz de Dios pudieran sentir estas cosas al momento de entrar por la puerta y declarar: "Sin duda el Señor está en este lugar".

Como evangelista nato que soy, anhelaba dirigir y administrar un lugar que llevara a las personas al Dios que las ama a través del Camino, que es Jesucristo. En otras palabras, un nuevo lugar de conexión sobrenatural…Gateway, la puerta.

Y ese fue el nombre: Iglesia Gateway.

Dios fue claro y específico en cuanto a la fecha de nuestro inicio. Un día en los primeros meses del año 2000, estaba leyendo un libro que hacía referencia a una iglesia que fue inaugurada un domingo de Pascua. Esto me hizo pensar en las ventajas y las desventajas de inaugurar la

---

* N del T: en este versículo se usa la palabra *gateway*, que significa "puerta".

iglesia ese día. Una parte de mí sentía que no había otro día mejor que ese. Después de todo, el Domingo de Resurrección fue el día en que el Hijo de Dios venció a la muerte y el sepulcro, abriendo el camino para que la humanidad pudiera llegar a Dios y entrar al cielo. En el lado práctico, es el día del año en que hay más posibilidades de que la gente que no asiste habitualmente a la iglesia, lo haga.

Aun así, yo no quería una *buena* idea, sino la idea *de Dios*. Durante mi vida de casado Dios ha usado a mi esposa Debbie para confirmarme su palabra e impartir sabios consejos. Así que puse a un lado mi libro y caminé hacia la siguiente habitación, donde estaba Debbie. Le dije:

—Querida, creo que he recibido instrucciones de Dios sobre la fecha en que debemos tener el primer servicio.

Ella levantó la mirada del libro que leía, y dijo:

—¿En serio? Yo creo que también acabo de escuchar a Dios decirme algo sobre eso.

—¿De verdad?—le dije, tratando de no lucir afectado o decepcionado de que Dios no me estaba hablando única y exclusivamente a mí.

—Sí—continuó ella—. El domingo de Pascua.

Ella estaba leyendo un libro sobre una iglesia que experimentó un derramamiento importante de la presencia de Dios durante un servicio de Pascua.

—¡Ese es el mismo día que yo estaba pensando!—le dije—Llamemos a Jimmy Evans y veamos qué opina.

Cuando Jimmy me atendió en el teléfono, le conté emocionado que Debbie y yo pensábamos que el Señor nos había hablado sobre la fecha en que debíamos inaugurar la Iglesia Gateway. Antes de que pudiera darle la información, Jimmy dijo: "Ya sé cuando: en la Pascua".

Como si esta confirmación no fuera suficiente, pocos días después estaba yo en un servicio en una iglesia en la que el extraordinario ministro y amigo Wayne Drain estaba predicando. Wayne tiene un corazón sensible a la voz del Señor, y Dios lo usa frecuentemente de manera poderosa para pronunciar palabras de ánimo y apoyo a otros. En medio del servicio él estaba anunciándole un mensaje especial a un miembro de la congregación cuando de repente hizo una pausa, se volteó, me señaló, y dijo: "La Pascua, la Pascua, la Pascua".

Ya no me quedaban dudas de que tenía una instrucción precisa del Señor sobre la fecha en que debía dar inicio a la Iglesia Gateway: el 23 de abril del año 2000, un Domingo de Pascua. Si alguien más asistía ese día parte de mi esposa Debbie, nuestros hijos, y yo, eso ya era otra cosa.

Ahora que teníamos el lugar y el momento determinados claramente por el cielo, volví a ponerme en contacto con Olen y los ancianos de Shady Grove.

Les dije que TFAC había puesto a mi disposición unos fondos para establecimiento de iglesias que podía usar para dar inicio a la Iglesia Gateway, pero que primero quería estar seguro de que Shady Grove no querría participar.

La respuesta fue cordial y de apoyo. Me dijeron que después de orar por el asunto, ellos creían que Trinity/TFAC era la institución ideal para cumplir la función de partera en este nacimiento. Nos dieron su bendición y expresaron que estarían orando por nosotros.

Los meses previos a la fecha establecida por Dios en la Pascua, Debbie y yo contamos con el apoyo total de la Trinity Fellowship, así como de algunos otros amigos de larga data en el área. Llevamos a cabo unos estudios bíblicos en nuestra casa que crecieron rápidamente en asistencia.

Para nuestro primer servicio tomamos del dinero aportado por TFAC y alquilamos un pequeño salón de conferencias en el hotel Hilton. Estaba lejos del lugar más económico del área, pero yo quería honrar al Señor haciendo que nuestro primer servicio fuera especial. Nosotros estábamos claros de que no teníamos los medios necesarios para reunirnos allí de manera habitual y que teníamos que encontrar un lugar mucho más económico.

Para nuestra sorpresa, contamos con la asistencia de ciento ochenta personas ese primer día. Habíamos comenzado asombrosamente bien.

3

Un loco comienzo

Yo estaba consciente de que no me podía emocionar demasiado por el buen número de asistentes del primer fin de semana, pues muchos de ellos eran amigos y personas que nos apoyaban, y que eran miembros fieles de otras iglesias. Ellos asistieron ese primer domingo simplemente para mostrarnos su apoyo y bendecirnos. No estaba seguro de cuántos podrían venir el segundo fin de semana.

Después de una búsqueda frenética de una alternativa más asequible, la única opción que pudimos encontrar fue un cine de descuento que estaba siendo cerrado. Yo tenía el temor de que un lugar que ni siquiera había funcionado como un cine barato no tuviera una apariencia muy agradable, y mi temor se confirmó. Los pisos estaban pegajosos debido a los años de acumulación de refrescos derramados (como pronto veremos, muchos de los asientos también estaban así, y la gente se quedaba pegada a ellos).

Cuando llegó el domingo, todos estuvimos temprano en el cine, pero desafortunadamente no pudimos entrar. El señor de mantenimiento que debía abrirnos la puerta (aún no nos habían entregado la llave) se había emborrachado la noche anterior y se había quedado dormido. Finalmente, ya medio desesperados, un miembro valiente del grupo se acercó hasta una puerta trasera y logró entrar.

Me sentí desanimado al ver que solo sesenta y ocho personas asistieron a nuestro segundo servicio. Pasé de un estado de euforia a sentirme desilusionado en apenas una semana. Debo confesar que este fue uno de los días más oscuros de mi vida como ministro, y no solo a nivel metafórico.

El cine en el que estábamos tenía muy poca luz, y para empeorar las cosas prediqué en una tarima negra con una cortina de terciopelo negro de fondo. El colmo del desastre fue mi decisión de usar ese día un traje negro con una camisa oscura.

Después del servicio alguien me dijo que lo único que se veía era una cabeza flotando y dos manos moviéndose alrededor de ella.

No fue el grandioso y glorioso comienzo que yo había visualizado, especialmente para algo que según mis criterios debía ser ejemplo de excelencia en todo. Pero fue el comienzo. Obviamente necesitábamos encontrar urgentemente un lugar más apropiado para nuestros servicios. Apenas teníamos dos semanas de nacidos y nuestra curva de crecimiento apuntaba en la dirección equivocada.

 Secretos para una iglesia de bendición

> No caiga en el desánimo cuando las cosas comiencen más pequeñas o más complicadas de lo que esperaba. Ore pidiendo sabiduría, obedezca la voz del Señor, y confíe en Él.
>
> "No menosprecien estos modestos comienzos, pues el Señor se alegrará cuando vea que el trabajo se inicia" (Zac. 4:10, NTV).

Oramos para que Dios nos diera sabiduría, abriera puertas, y estableciera conexiones divinas. Como respuesta a nuestra oración, Dios puso al pastor David Whitington en nuestro camino. Él era y sigue siendo el pastor de una iglesia maravillosa en Southlake, Texas, llamada Christ Our King [Cristo nuestro Señor]. Después de reunirnos con él le pregunté si tenía algún interés en alquilarnos su templo los sábados en la noche para nuestro recién nacido proyecto (en ese entonces la iglesia Christ Our King solo tenía servicios los domingos).

La respuesta de David fue inmediata. Me dijo: "¡Por supuesto!. De hecho, he estado orando por el establecimiento de nuevas iglesias en Southlake. Esta es una respuesta a mi oración". David es uno de los hombres más orientados al Reino de Dios que he conocido. Su espíritu seguro y generoso es muy poco común entre los pastores en el Cuerpo de Cristo.

Los ciento cincuenta asientos y los salones de la iglesia Christ Our King nos proporcionaron un lugar apto, seguro, y accesible para los servicios de los sábados en la noche; un lugar en el que podíamos establecernos y comenzar a crecer. Y crecimos.

Durante el primer año yo generalmente predicaba, y después del servicio Debbie y yo nos íbamos a cenar con alguna pareja o dos de nuestros miembros. Después de comer, Debbie, los niños, y yo, regresábamos a la iglesia a limpiar y dejar todo en orden para el servicio de la iglesia Christ Our King de la mañana siguiente.

Después de quince meses en la Iglesia Christ Our King Church nos mudamos a otro local alquilado. Se trataba de una antigua iglesia que era usada entre semana como un preescolar, de nombre A World of Learning. Este lugar representaba varias ventajas. Podíamos acomodar hasta trescientas personas, podíamos organizar varios servicios en el fin de semana si era necesario y, lo más importante, no teníamos que estar armando y desarmando todo para cada servicio. Podríamos invertir en mejor equipamiento para el sonido y la iluminación, así como en un proyector, y dejar todo instalado y listo para cada fin de semana. Este era un gran paso.

La mudanza coincidió con una explosión de crecimiento que hasta hoy no se ha detenido. Para que tenga una idea, piense en lo siguiente: Antes de mudarnos a este local, otra iglesia lo había alquilado durante varios años mientras construían su sede permanente. Cuando llegaron tenían aproximadamente trescientos miembros, y contaban más o menos con la misma cantidad al marcharse. Esta iglesia había decidido no invertir dinero en mejoras al local donde estaban alquilados, y es fácil entender sus motivos. Después de todo, ellos no eran los sueños del local y querían dedicar sus recursos financieros a la construcción de su sede permanente.

Nosotros también queríamos comprar un terreno y construir un templo, pero adoptamos un plan diferente. Inmediatamente invertimos setenta y cinco mil dólares para arreglar y remodelar un local que no era nuestro.

Comenzamos con un simple servicio los domingos en la mañana. Cuando sobrepasamos la capacidad, añadimos otro servicio, seguido rápidamente de un servicio los sábados en la noche. Pero el rápido crecimiento no se detuvo.

De hecho, cuando llegamos a World of Learning teníamos unos doscientos miembros y asistentes habituales. Al mudarnos a un templo propio quince meses después, éramos más de dos mil y realizábamos cinco servicios por fin de semana.

Por favor no piense que mi intención es presumir. Simplemente es vital que usted entienda cuán asombroso es todo esto que Dios ha hecho frente a nuestros ojos. Es importante documentar el tamaño y el alcance de este milagro antes de presentarle los principios y los preceptos que hicieron que fuera posible.

En otras palabras, necesito que usted logre captar la magnitud de la bendición antes de explicarle lo que pienso que la produjo.

Durante ese período de quince meses de extraordinario crecimiento encontramos un excelente terreno de trece acres (aproximadamente cinco hectáreas) ubicado frente a la principal vía comercial de Southlake. Por la gracia de Dios y el sacrificio de todos nuestros miembros, pudimos pagar de una sola vez un millón cuatrocientos mil dólares por el terreno. Luego formulamos el que a nuestro juicio era un plan prudente pero al mismo tiempo ambicioso para nuestra primera sede propia.

Erigiríamos una especie de concha que al principio solo estaría construida hasta la mitad, dejando el resto como un espacio expandible según la necesidad futura. De hecho, nuestros dibujos arquitectónicos mostraban una ingeniosa manera de construir al principio un santuario sencillo que a medida que el crecimiento lo exigiera permitiría tumbar una pared y aumentar más del doble el espacio disponible. La primera fase del plan creaba una serie de asientos en forma de abanico, básicamente un cuadrante con una capacidad de seiscientos cincuenta asientos. Al quitar la pared, la fase dos permitiría crear seiscientos cincuenta asientos más, convirtiendo el cuadrante en un semicírculo completo.

Aunque se trataba de un proyecto ingenioso, sobrepasamos nuestras propias expectativas. Tardamos veinticuatro meses en diseñar y construir la primera fase, pero cuando estuvimos listos para mudarnos de World of Learning a nuestra primera casa propia, ya habíamos sobrepasado su capacidad.

¡Desde el primer día tuvimos que comenzar con tres servicios los fines de semana en la nueva sede! Eso significaba que tendríamos que comenzar a presupuestar y planificar la segunda fase inmediatamente. Tardamos ocho meses en construir la otra mitad vacía de la edificación y, para cuando estuvo lista, ya estábamos realizando cinco servicios, pues más de tres mil personas asistían cada fin de semana.

El día que realizamos nuestro primer servicio en el nuevo santuario ampliado fue muy emocionante. Fue emocionante para mí, no solo porque marcaba un importante hito en nuestro recorrido con Dios y una demostración maravillosa de su gracia, sino también por una razón un tanto egoísta: ¡Al menos durante un tiempo pudimos volver a tener solo tres servicios!

Pero esta programación apenas duró. Durante los siguientes seis años tuvimos la necesidad de añadir un tercero, un cuarto, un quinto, y finalmente un sexto servicio; así como otros múltiples servicios en dos instalaciones satélite, y otra en un cine cercano (sí, ¡un cine! Pero esta vez se trataba de uno nuevo y bonito y en el que, al menos hasta donde sé, jamás nadie se quedó pegado a una silla).

Obviamente durante esos asombrosos primeros años yo no dirigí este cohete en solitario. Cómo logró la Iglesia Gateway a ser el hogar ministerial de uno de los equipos de hombres y mujeres que he conocido es parte de lo que compartiré con usted en los siguientes capítulos. Hubo importantes períodos de tiempo en los que abríamos nuevas posiciones pastorales o ministeriales cada mes. Incluso meses en los que eran dos o tres.

En nuestro décimo año de existencia nos mudamos de ese lugar a la que es actualmente la sede de la Iglesia Gateway. Unos años atrás el Señor nos había mostrado un extraordinario terreno de ciento ochenta acres (setenta y dos hectáreas) ubicado frente a una importante autopista, apenas a una milla (1.6 kilómetros) de donde estaba nuestra sede. Era (y sigue siendo) una hermosa propiedad, con árboles, hermosas colinas, y varias lagunas alimentadas por arroyos. En una próxima sección compartiré algunos de los principios espirituales que nos guiaron para la adquisición de este terreno. Por ahora, solo debo decir que este proceso fue tan milagroso como los pasos anteriores en nuestro recorrido.

Antes de llevar la primera herramienta al lugar, invertimos en la creación de un plan maestro de largo plazo para la propiedad. Si algo habíamos aprendido durante los pocos años que teníamos como iglesia, era que cuando uno escucha la voz de Dios, uno no puede ni imaginarse lo que Dios puede dar. Y el tamaño de este proyecto en el papel era asombroso.

La primera etapa constaría de un santuario de cien millones de dólares con capacidad para cuatro mil personas, con instalaciones para el ministerio de niños, y salones para los adultos. El 13 de noviembre de 2010 realizamos nuestro primer servicio en este nuevo lugar con una adoración efusiva producto de la inmensa gratitud que sentíamos por la bondad de Dios y sus inmerecidas bendiciones. Una vez más, nuestro pueblo había aportado con mucho sacrificio durante una de las peores recesiones financieras de nuestra historia.

Como mencioné al comienzo, el crecimiento ha sido continuo. De hecho, mientras escribo estas líneas estamos añadiendo un servicio adicional los sábados en la noche, lo que nos lleva a tener nuevamente cinco servicios de fin de semana en nuestra sede principal de Southlake, así como cuatro y cinco servicios, respectivamente, en nuestras dos sedes satélite. ¡En los últimos doce meses hemos crecido cuarenta por ciento más!

Sé que hasta ahora he dado una gran cantidad de evidencia numérica para describir la historia de la Iglesia Gateway, y no quiero dar una impresión equivocada. El hecho es que, esencialmente, la nuestra no es una historia de crecimiento, sino de *salud*.

Estamos conscientes de que nuestro crecimiento es un subproducto de nuestra salud y de la bendición de Dios. ¿Por qué? Porque las cosas saludables crecen. En las secciones que siguen, compartiré muchos de los principios que contribuyen a nuestra salud, nuestras bendiciones, y nuestro crecimiento.

Pero este no es solo mi conocimiento. ¡Lejos de eso! Las siguientes páginas contienen la sabiduría colectiva adquirida por la experiencia, y los conocimientos de mucha gente. Repito: esta no es mi historia. Yo solo he resultado ser el que tiene el privilegio de contarla. Comencemos.

SEGUNDA PARTE

Una visión de bendición

4

Es bueno tener una visión de crecimiento

EL JOVEN PASTOR AL OTRO LADO DE LA MESA DE REPENTE SE PUSO apologético. Comenzó con un emocionante relato de cómo Dios lo llamó a apartarse de la seguridad y familiaridad de su trabajo como pastor de solteros en una importante iglesia metropolitana para adentrarse en lo desconocido y comenzar una iglesia propia en el centro del país.

Yo le pregunté cuál creía él que era el plan de Dios sobre lo que su iglesia debía ser y hacer. En otras palabras, le pregunté cuál era su visión. Mientras hablaba, sus ojos se iluminaron de entusiasmo y el ritmo de sus palabras se aceleró.

Después de hablar un poco de su misión, sus métodos, y algunos de los ministerios que tenía planificado establecer en su iglesia, comenzó a hablarme de números. Mencionó la cantidad de asistentes y miembros que ambicionaba para su iglesia en tres, cinco, y diez años en el futuro. Sin embargo, de repente comenzó a decir como avergonzado que en realidad los números no lo eran todo, y que él estaría conforme con llevar a un pequeño rebaño a aguas profundas si eso era lo que el Señor quería.

No era necesario que se disculpara. Yo entendía su deseo de transformar las vidas de grandes números de personas, y de ver el alcance y la influencia de su ministerio expandirse. Es bueno querer crecer.

Dios ha puesto algo en todos nosotros que hace que queramos que las cosas pequeñas crezcan. Esto ha sido así desde que Dios colocó a Adán y Eva en el Edén y les dijo: "Fructificad y multiplicaos; llenad la tierra" (Gn. 1:28). La parábola de los talentos dada por Jesús está relacionada a la recompensa de Dios por traer a su Reino la ganancia de lo que se nos ha encomendado (ver Mt. 25:14–30).

En mis años de ministerio he conocido a miles de emprendedores y comerciantes, y jamás he visto a uno que después de soportar todo el trabajo, las dificultades, y el riesgo que se requiere para echar adelante un negocio, desee que este se mantenga pequeño e insignificante. Nunca he hablado con un granjero que después de comprar semillas a crédito, preparar diligentemente el terreno todos los días, plantar, fertilizar, e irrigar, no espere que Dios envíe toda la lluvia y el sol necesarios para producir una cosecha abundante. Los entrenadores desean que sus equipos ganen. Los arquitectos quieren ver sus edificios terminados y siendo utilizados. Los escritores quieren que sus libros sean leídos por la mayor cantidad de gente posible.

Dios nos hizo con el deseo de ver las cosas crecer.

A la luz de esta verdad, no entiendo por qué debe escandalizarnos u ofendernos que alguien que ha sido llamado y preparado para dirigir el rebaño desee ver a la grey crecer saludable y multiplicarse en gran número. Sin embargo, muchas veces se nos ha hecho creer a los pastores que nuestros sueños de tener un largo alcance y resultados ambiciosos es de alguna manera inapropiado.

No hay nada particularmente malo o impropio en querer llegarle a un gran número de personas con la luz y la vida del evangelio. Al igual que cualquier otro aspecto de la vida cristiana, todo se reduce a los motivos y actitudes de nuestros corazones. Un evangelista puede desear llenar un estadio por el deseo que siente por ver a los perdidos venir a Jesús, pero otro puede desear lo mismo porque es inseguro y necesita reconocimiento y apoyo. Y un tercero puede estar simplemente esforzándose para superar a otro evangelista movido por un simple espíritu de competencia. "Pues el hombre mira lo que está delante de sus ojos, pero Jehová mira el corazón" (1 S. 16:7).

Pero cuando la motivación es correcta, no hay nada antinatural o antiespiritual en que el crecimiento y una influencia de gran escala sean elementos clave en la visión de un ministerio.

Permítame compartir algo que le he revelado a muy pocos en los últimos veinte años. Un corto tiempo después de haber tenido la conversación inicial con Olen Griffing en la que plantó en mi corazón la idea de que algún día yo sería pastor principal de una iglesia—muchos años antes de la fundación de la Iglesia Gateway—, el Señor me había dado una asombrosa visión para la iglesia que yo fundaría algún día.

 ## Secretos para una iglesia de bendición

Es bueno querer crecer. Dios nos creó con ese deseo. Pero debemos siempre vigilar nuestros motivos y actitudes.

"No nos jactamos desmedidamente a costa del trabajo que otros han hecho. Al contrario, esperamos que, según vaya creciendo la fe de ustedes, también nuestro campo de acción entre ustedes se amplíe grandemente" (2 Co. 10:15, NVI).

Esta llegó una noche como un vívido sueño, de esos de los que uno se despierta y los recuerda completamente, consciente de que no se trató de un sueño común. Estaba yo de pie delante del trono de Dios en el cielo. A mi alrededor podía ver una multitud tan grande que no podía ser contada. Entonces, el Señor me habló en el sueño y me dijo: "Quiero una iglesia con treinta mil personas en un solo lugar". Luego me dijo otras cosas sobre la influencia que debíamos tener más allá de las paredes de la iglesia. No es necesario contar los aspectos adicionales de mi visión, pero involucraban grandes números que parecían estar muchísimo más allá de toda posibilidad para ese momento. Pero lo mismo ocurriría con la idea de una iglesia de treinta mil miembros en un solo lugar. Parecía algo loco e imposible.

Recuerde que cuando tuve ese sueño yo era solo un copastor joven en una iglesia mediana. El solo hecho de pensar en tener a treinta mil personas adorando a Dios en un solo lugar iba más allá de lo que yo podía imaginar en mi joven cerebro. Siete años después, cuando inauguramos la Iglesia Gateway con menos de doscientas personas, esta idea continuaba siendo absurda. Pero no para mí. Para ese momento yo ya tenía siete años con la visión que Dios me había dado grabada en mi mente.

Yo por supuesto nunca alardeaba de esta visión. Recordaba bien la experiencia de José en Génesis, quien se metió en problemas por alardear tontamente de la visión que Dios le había dado de las grandes cosas que ocurrirían en el futuro. Todo lo contrario, traté de seguir el ejemplo de María (la madre de Jesús), reflexionando y atesorando las maravillosas palabras en mi corazón (Lc. 2:19). Era muy cauteloso en cuanto a las personas a quienes se la contaba, lo cual es sumamente importante a la hora de administrar las visiones que Dios nos da.

Al momento en que escribo esto han pasado casi doce años desde la inauguración de la Iglesia Gateway y, como saben, ya la visión no parece imposible en lo absoluto. De hecho, si la tendencia pasada y presente continúa, estaremos traspasando la barrera de los treinta mil miembros en uno o dos años, o incluso antes. Y estamos presenciando otros aspectos de la visión desplegarse delante de nuestros ojos.

Hay muchas otras cosas que quiero compartir con usted sobre el acto de recibir y comunicar una visión, pero primero quiero que examinemos otro principio relacionado con el crecimiento que es importante entender.

La conexión entre la salud y el crecimiento

He aquí una profunda verdad cósmica: Las cosas saludables crecen. Dios ha bordado este principio en el mismísimo lienzo de la creación. Y también podemos decir lo contrario: cuando un ser vivo pierde su salud, se detiene su crecimiento e incluso se revierte. Pregúntele a cualquier granjero o jardinero, o fíjese en esta vívida ilustración de este asunto en la parábola de Jesús del sembrador:

> "He aquí, el sembrador salió a sembrar. Y mientras sembraba, parte de la semilla cayó junto al camino; y vinieron las aves y la comieron. Parte cayó en pedregales, donde no había mucha tierra; y brotó pronto, porque no tenía profundidad de tierra; pero salido el sol, se quemó; y porque no tenía raíz, se secó. Y parte cayó entre espinos; y los espinos crecieron, y la ahogaron. Pero parte cayó en buena tierra, y dio fruto, cuál a ciento, cuál a sesenta, y cuál a treinta por uno. El que tiene oídos para oír, oiga" (Mt. 13:3–9).

Jesús habla aquí metafóricamente sobre el corazón humano, y de cómo la naturaleza espiritual fructífera de la Palabra de Dios tiende a prosperar o a declinar dependiendo de las condiciones del suelo (el corazón) en donde caen las semillas (la Palabra de Dios). Jesús escogió esta metáfora particular porque es un hecho universalmente aceptado que el crecimiento está ligado a la salud. Pedro tenía clara la conexión entre la salud y el crecimiento cuando escribió: "Desead, como niños recién nacidos, la leche espiritual no adulterada, para que por ella crezcáis para salvación" (1 P. 2:2). Pero, ¿qué podemos decir de la iglesia? ¿Qué podemos decir del Reino que Jesús vino a establecer y dirigir? En una de las profecías de Isaías sobre el Mesías venidero encontramos un dato interesante. A menudo es citada la primera parte de este pasaje durante la Navidad:

> "Porque un niño nos es nacido, hijo nos es dado, y el principado sobre su hombro; y se llamará su nombre Admirable, Consejero, Dios Fuerte, Padre Eterno, Príncipe de Paz. Lo dilatado de su imperio y la paz no tendrán límite" (Is. 9:6–7).

¿Se da cuenta? El profeta Isaías pudo ver a través de los salones de la historia y contemplar al Mesías prometido recibiendo el trono, "y el principado sobre su hombro". Vio que al Príncipe de Paz crecería, ¡y que jamás dejaría de crecer!

Y por supuesto que sigue creciendo. Cualquier reino gobernado por Jesucristo será saludable. ¡Y las cosas saludables crecen!

Esto quiere decir que si el crecimiento forma parte de su visión, su objetivo real debe ser entonces la *salud*. Si usted tiene una iglesia, un ministerio, o una organización, puede sentirse confiado de que si se esfuerza porque este sea saludable, el crecimiento vendrá como una consecuencia natural.

Pero no todo el mundo lo hace. He visto a muchos pastores y empresarios enfocados únicamente en crecer, crecer y crecer. La salud organizacional simplemente no está entre sus objetivos. Y es posible que crezcan sin salud, pero solo durante un tiempo. A la final, como las plantas que nacieron de las semillas que cayeron en los pedregales en la parábola de Jesús, el crecimiento sin salud no será sustentable y terminará colapsando bajo su propio peso. No es más que un éxito pasajero.

Secretos para una iglesia de bendición

El crecimiento sin salud no es sustentable. Si usted quiere crecer, busque y vigile la salud de su organización.

"Será como árbol plantado junto a corrientes de aguas, que da su fruto en su tiempo, y su hoja no cae; y todo lo que hace, prosperará" (Sal. 1:3).

He aquí entonces un principio básico relacionado a la salud y el crecimiento: propóngase crecer, pero persiga primero la salud, consciente de que la salud es el requisito fundamental, la causa, y el sostén del crecimiento. Es por ello que gran parte del resto de este libro está dedicado en las claves para desarrollar una iglesia saludable y de bendición.

6

Lo que precede a su visión

Yo no soy un escritor, sino un predicador. Tal vez fue por ello que durante gran parte de mis primeros años en el ministerio no le di importancia a lo que dice Habacuc 2:2. Usted sin duda estará familiarizado con este versículo, y le será imposible tratar el tema de recibir e impartir una visión sin hacer referencia a él:

"Y Jehová me respondió, y dijo: Escribe la visión, y declárala en tablas, para que corra el que leyere en ella".

Este es el típico versículo sobre visión espiritual. A pesar de ello, durante un tiempo me sentía avergonzado cada vez que lo leía. ¿Por qué? Como mencioné, yo soy un predicador, no un escritor. Me causa una gran satisfacción comunicar las verdades espirituales de manera verbal, pero no me ocurre lo mismo con el proceso de la escritura. No me parezco en nada a mi maravilloso amigo y mentor, el Dr. Jack Hayford, quien es tan elocuente e inspirador en el papel como lo es en la plataforma. Recuerdo una vez que le pregunté a Jack qué hacía él para relajarse. Su respuesta fue: "Escribo". Recuerdo haber pensado: *¿Eso te parece relajante? Para mí es estresante.* Fue como descubrir que el pasatiempo de un amigo bombero es prender fogatas en su jardín. Simplemente no entendí.

Usted se estará preguntando cómo es que alguien que detesta escribir ha escrito varios libros. Los hice predicándolos. Para la elaboración de cada libro dicté el contenido a un grupo de personas. Esa era la única manera en que podía sacar lo que había en mi corazón. Luego trabajé con un escritor profesional que es miembro de mi iglesia desde hace mucho tiempo, y que conoce bien mi corazón, mi teología, y mi voz, para que transfiriera todo al papel.

Si usted tiene la capacidad de expresar en papel lo que hay en su corazón, maravilloso. Pero si es como yo, ¡no deje que el orgullo le impida pedir ayuda! Por supuesto, tener la capacidad de escribir una visión divina presupone que uno ha recibido esa visión. Y yo creo saber qué es lo que antecede a la visión.

Secretos para una iglesia de bendición

> Usted no puede comunicar su visión a menos que haya recibido visión de parte del Señor.
>
> "Entonces viendo el denuedo de Pedro y de Juan, y sabiendo que eran hombres sin letras y del vulgo, se maravillaban; y les reconocían que habían estado con Jesús" (Hch. 4:13).

Mi gran amigo Bill Hybels, un extraordinario hombre de Dios y pastor de la influyente iglesia Willow Creek Community Church, me enseñó algo importante. Pero para compartirlo, debo primero remitirlos a la historia de Moisés:

> "En aquellos días sucedió que crecido ya Moisés, salió a sus hermanos, y los vio en sus duras tareas, y observó a un egipcio que golpeaba a uno de los hebreos, sus hermanos. Entonces miró a todas partes, y viendo que no parecía nadie, mató al egipcio y lo escondió en la arena" (Éx. 2:11–12).

¿Alguna vez ha visto usted una golpiza? No estoy hablando de ver violencia en la televisión o en la internet, sino de presenciarla en persona. Espero que no, porque es bien desagradable.

Yo era un niño rebelde y vi muchas peleas durante mi crecimiento. También participé de muchas. Como resultado, tengo muy malos recuerdos de peleas durante mi juventud, especialmente porque la mayoría de las veces perdía. Y es que mi boca era más grande que mis músculos. Un mal recuerdo particular que tengo es de una ocasión en la que me dieron la peor golpiza de mi vida. Eran cinco contra dos.

Esos dos eran los tipos más rudos que he conocido en mi vida (bueno, esto último fue un chiste).

Es desagradable ver que golpeen a alguien, y eso fue lo que Moisés vio ese día. Pero Moisés no solo intervino en la pelea. Su indignación por lo que vio fue tal que terminó matando al egipcio abusador. ¡Lo asesinó!

El fondo del asunto es este: Lo que hizo que Moisés reaccionara fue presenciar una injusticia que lo hizo sentir frustrado. Lo que estaba viendo no podía continuar. La frustración y su apasionada personalidad lo movieron a actuar.

El siguiente capítulo de Éxodo nos lleva cuarenta años adelante en la vida de Moisés. Cuando Moisés mató al egipcio tenía alrededor de cuarenta años, lo que significa que ahora en el capítulo 3 estaba por sus ochenta.

> "Dijo luego Jehová: Bien he visto la aflicción de mi pueblo
> que está en Egipto, y he oído su clamor a causa de sus
> exactores; pues he conocido sus angustias" (Éx. 3:7).

Dios está básicamente diciendo: "Yo he visto todo, y sé lo que pasa". En otras palabras: "Moisés, yo vi lo mismo que tú. Lo que te frustra, a mí también me frustra".

Tal vez le suene extraña o inusual esta paráfrasis, pero tengo la convicción de que la frustración es una de las mayores precursoras e indicadoras para establecer la visión. Si usted no está seguro de lo que Dios quiere que su ministerio sea o realice, tal vez es hora de comenzar a preguntarse qué es lo que a usted lo frustra. Si usted es un pastor principal o es candidato a serlo, aparte un tiempo en soledad y pídale al Espíritu Santo que ponga en su mente las cosas que otras iglesias hacen que a usted lo frustren. Estoy seguro de que las respuestas comenzarán a iluminar y aclarar la visión para su iglesia.

7

Cuando usted "ya no puede soportar más"

La visión puede llegar como consecuencia de lo que Bill Hybels llama "santo descontento" (de hecho, Bill escribió un libro extraordinario con ese título). La visión puede surgir por contemplar una injusticia que lo insta a actuar. Como usted ha sido redimido y tiene corazón de pastor, es posible que aquello que lo frustra a usted también sea frustrante para Dios.

Dependiendo de su edad, es posible que recuerde los dibujos animados de los sábados en la mañana. Antes de que existieran canales de televisión por cable que transmitieran dibujos animados las veinticuatro horas—de hecho antes de que existieran canales de televisión por cable—, los niños tenían que esperar hasta la mañana del sábado para ver dibujos animados. A mis hijos les cuesta entender esto, pero seguramente usted sí recuerda cuando solo habían tres o cuatro canales de televisión. En mi casa yo era el control remoto. "Robert, cámbialo al canal cuatro, que *el Show de Ed Sullivan* está por comenzar".

En *Holly Discontent* [Santo descontento] Hybels ilustra este importante concepto a través de una vieja serie de dibujos animados. Seguramente usted recuerda a Popeye el Marino. Olivia era la novia de nuestro héroe, y su enemigo era Bluto.

¿Qué ocurría en cada episodio? Bluto cometía siempre una injusticia o una salvajada. Popeye lo soportaba durante un tiempo, pero finalmente llegaba un momento en que se hartaba. Cuando ya no podía más, decía: "Eso es todo lo que puedo soportar, y ya no puedo soportar más". Esta frase solía estar seguida de la ingesta de sus espinacas, la impartición de una fuerza sobrenatural, y la limpieza del suelo con Bluto.

Ahora yo le pregunto: ¿Qué es lo que usted "ya no puede soportar más"? Corregir esa situación es vital en la visión de su ministerio.

Es posible que durante su vida en el ministerio haya presenciado algunas cosas que le han molestado. Seguramente ha observado también muchas cosas buenas, pero sospecho que las cosas que atentan contra sus convicciones y pasiones son las que resaltan. Puede haber algunas cosas en otras iglesias o ministerios que no son necesariamente malas, pero que *a usted* le parece que lo son. Simplemente Dios no lo creó a usted para hacerlas de esa manera.

Como ya mencioné, asistí y trabajé en la iglesia Shady Grove como copastor durante dieciséis años. Catorce de esos años fueron maravillosos, llenos de dicha ministerial. Pero los dos últimos años fueron terribles. Nada malo ocurría, pero la iglesia no estaba haciendo nada diferente. Fue en esos últimos dos años que mi visión personal del ministerio comenzó a cristalizar, y como resultado directo comencé a darme cuenta de las cosas que "ya no soportaba más".

Como dije, no es que lo que hacían estaba mal, sino que había algo en mí que aspiraba algo diferente. La iglesia Shady Grove estaba en completa sintonía con el pensamiento y la visión del pastor Olen Griffing. De hecho, Shady Grove fue una de las iglesias que Dios usó para iniciar el avivamiento en la adoración que sacudió al mundo hace varias décadas. Esto, gracias en gran parte a la frustración que Olen sintió al ver que la iglesia estaba acostumbrada a una adoración repetitiva y sin vida. La presencia de Dios estaba ausente de los servicios, y un día Olen "ya no pudo soportarlo más".

Esos dos últimos años en Shady Grove en los que Dios comenzó a preparar mi corazón, comencé a querer a hacer las cosas de manera distinta. Pero eso no significaba que estaba rebelde. Simplemente estaba listo para asumir la visión que Dios tenía para mí. Estaba experimentando un principio de la mayordomía que Jesús reveló en su parábola del mayordomo infiel:

"Y si en lo ajeno no fuisteis fieles, ¿quién os dará lo que es vuestro?" (Lc. 16:12).

Pero tenemos también la otra cara de la moneda de este principio espiritual: Si usted ha sido fiel con lo que le pertenece a otra persona, finalmente le será confiado lo que es suyo. Yo que creo que fui fiel con la visión que le fue dada a otro hombre. Como resultado de esa mayordomía, me sería confiada mi propia visión. Y cuando esta comenzó a tomar forma, avivó en mí el fuego del santo descontento.

Secretos para una iglesia de bendición

¿Qué injusticia espiritual le molesta más? Corregir esa situación es fundamental para la visión de su ministerio.

"Enmudecí con silencio, me callé aun respecto de lo bueno; y se agravó mi dolor. Se enardeció mi corazón dentro de mí; en mi meditación se encendió fuego, y así proferí con mi lengua" (Sal. 39:2–3).

Cuando la Iglesia Gateway abrió sus puertas y comenzó a crecer, adquirí una mayor conciencia de aquello que ya no podía "soportar", y estas frustraciones ayudaron a formar y definir la visión definitiva de la iglesia.

Por ejemplo, poco tiempo después de nuestra apertura, me di cuenta de que ya no podía soportar el hecho de que la gente no estuviera preparada para el ministerio. Yo no iba a tener una iglesia en la que la obra ministerial solo se realizara desde la plataforma y por los pastores a los que se les pagaba por hacerlo. No soportaba la idea de tener una iglesia en la que sus miembros fueran meros espectadores colocando el evangelismo, la obra misionera, y el amor por el prójimo en manos de otros a través de sus contribuciones financieras. Como parte del equipo pastoral, nuestro trabajo principal debía consistir en preparar a la feligresía para el ministerio.

De igual manera, tampoco podía soportar el pensamiento de dirigir una iglesia sin llevar a sus miembros a tener una relación cada vez mas profunda con Dios. Una de las cosas que me encantaba de la visión y la idiosincrasia espirituales de Shady Grove era el valor que le daban a experimentar la presencia de Dios tanto a nivel personal como de iglesia. Esta era una de las cosas que quería para la Iglesia Gateway, pero ajustada a nuestro llamado y destino particulares.

Yo me di cuenta de cuán importante era este elemento en mi visión luego de haberme apartado brevemente de su valor. Hubo un breve período en los primeros días de la iglesia en los que se me metió en la cabeza la idea de que teníamos que reducir la intensidad de nuestra adoración y las experiencias con el Espíritu Santo en nuestros servicios para hacerlos más "accesibles" a los no creyentes. Pero no duró mucho. No pude soportarlo.

Sin duda la premisa bajo la cual se realizó el experimento estaba equivocada. Los no creyentes son más bien atraídos, y no repelidos, por el poder y la presencia de Dios. Los que están hambrientos espiritualmente buscan algo auténtico y transformador, que sea más grande que ellos mismos.

De hecho, una buena parte del asombroso crecimiento de la Iglesia Gateway durante estos años ha sido causado aquellas personas que buscan tener un encuentro más profundo y significativo con Dios que el que tenían en las iglesias a las que asistían. Yo incluso un día me reuní con un pastor de una iglesia del área porque me alarmó la cantidad de personas de su congregación que estaban ahora asistiendo a Gateway. Después de conversar con un número suficiente de ellos para averiguar qué era lo que pasaba, lo llamé y le dije: "¿Puedo tener una reunión con usted?".

Él accedió, y el día que nos vimos, después de conocernos un poco, fui al punto: "Me imagino que sabe que una buena cantidad de los miembros de su iglesia están ahora asistiendo a Gateway".

Él asintió con la cabeza.

"Yo también me he dado cuenta—le dije—, y quiero que sepa que me preocupa el asunto. Por eso fue que le pedí que se reuniera conmigo, a pesar de que podría ser una conversación incómoda y difícil. Yo podría fácilmente quedarme callado mientras esa avalancha de nuevos miembros va llegando a la iglesia, pero sería impropio ya es que usted y yo jugamos en el mismo bando. No somos competidores sino compañeros de equipo, cada uno con una función específica en el plan de juego del Entrenador celestial. Yo quiero que usted crezca, y que su iglesia se desarrolle y sea lo que Dios desea para ella".

Yo creo que él pudo darse cuenta de que yo le estaba hablando sinceramente, así que se mostró muy interesado en mis palabras. Seguidamente le dije: "Yo creo que usted tiene una carencia en la visión de su ministerio. Se lo digo por lo que he podido conversar con los miembros de su iglesia que nos han visitado. Me gustaría que usted mismo me dijera cuáles la visión que usted tiene para su iglesia. Me gustaría poner a prueba mi teoría".

Él accedió, e inmediatamente procedió a delinear lo que sin duda era un plan ministerial inteligente para alcanzar a diferentes grupos a través de iniciativas de servicio comunitario. No había absolutamente nada erróneo o antibíblico en lo que describió. Por el contrario, sonaba fabuloso. Pero había algo que yo quería escuchar que el finalmente no mencionó. Su visión no contemplaba el darle a la iglesia en conjunto la oportunidad de tener encuentros habituales con la presencia de Dios. Su visión tenía una carencia.

Lo pude reconocer por el hecho de que yo había sufrido la misma carencia durante un período de seis meses en nuestra experiencia como iglesia (el período que mencioné), todo por haber comprado la creencia popular de que tenía que ajustarme para atraer interesados.

Yo le expliqué lo que a mi juicio era la carencia que él tenía en su visión, y le recomendé cambiar su plan. Le aconsejé incluir una manera en que los creyentes maduros pudieran seguir creciendo y profundizando su relación con Jesús. El pastor escuchó amablemente y se mostró receptivo, pero no sé si finalmente adoptó los consejos que le di.

8

La esencia de la visión que recibí anticipadamente

Dios pone en los corazones de los pastores distintos tipos de visión porque el mundo es un lugar diverso y Él desea alcanzar a todos con su amor salvador. Sin embargo, hay ciertos elementos básicos que deberían caracterizar a los pastores o las iglesias, y que son indispensable para cumplir con el llamado que han recibido. Uno de los primeros elementos en la lista es la exhortación personal que Jesús le hizo a Pedro: "Alimenta a mis ovejas" (Jn. 21:17, NVI). Alimentar a las ovejas ha de ser un elemento no opcional ni negociable en la visión divina dada a los pastores. ¿Por qué? Porque eso es lo que hacen los pastores. Yo no entendía muchas cosas cuando fundé la Iglesia Gateway, pero esa la entendía. Yo sabía que el corazón de mi llamado como pastor era alimentar a las ovejas.

Ciertamente mi visión para la Iglesia Gateway se fue concretando, expandiendo, y profundizando con el paso de los años; pero desde el principio hubo tres cosas básicas que, con la ayuda de Dios y mediante su poder sobrenatural, estuve determinado a lograr como iglesia. Estas fueron las metas primordiales de mi visión:

1. Presentar los sermones más espectaculares que usted jamás haya escuchado.

2. Proveer la experiencia de adoración más extraordinaria y llena del Espíritu Santo en la que usted haya participado.

3. Ofrecer el mejor ministerio infantil que sus hijos hayan experimentado.

Estos objetivos podrían sonar arrogantes, pero esa es la naturaleza de la visión dada por Dios. Si usted deja que el Espíritu Santo plasme sus sueños y su visión en el lienzo de su corazón, emergerá un cuadro que impresionará su imaginación y probará su fe. Si la visión no parece imposible de alcanzar mediante sus capacidades humanas, entonces probablemente no es de Dios.

A lo largo de las Escrituras, cada vez que hombres y mujeres de Dios recibieron una visión divina y comenzaron a ponerla en marcha, recibieron críticas y señalamientos, como: "¿Quién se cree que es?". Vimos ocurrir esto con José, Moisés, Josué, Caleb, David, y la mayoría de los profetas. Por supuesto, Jesús experimentó esto más que ningún otro:

> "Entonces los fariseos y los maestros de la ley religiosa decían
> para sí: «¿Quién se cree que es? ¡Es una blasfemia! ¡Sólo
> Dios puede perdonar pecados!" (Lc. 5:21, NTV).

Ciertamente estos tres elementos centrales de mi visión le habrían parecido ridículamente ambiciosos a cualquier observador, pero todos los involucrados entendieron que esta visión era la promesa bajo la cual la Iglesia Gateway había sido establecida. Yo decidí predicar los mejores sermones, tener la mejor adoración, y proveer el mejor ministerio infantil; y Dios superó todas nuestras expectativas. Esto es lo que la visión produce tanto en nuestra vida, como en el Cuerpo de Cristo.

Secretos para una iglesia de bendición

Si usted deja que el Espíritu Santo plasme su visión en el lienzo de su corazón, emergerá un cuadro que impresionará su imaginación y probará su fe. Si la visión no parece imposible de alcanzar mediante sus capacidades humanas, entonces probablemente no es de Dios.

> "Entonces Moisés respondió a Dios: ¿Quién soy yo
> para que vaya a Faraón, y saque de Egipto a los
> hijos de Israel?" (Éx. 3:11).

Nosotros nos comprometimos a buscar la excelencia en cada aspecto de la visión. Solicitamos en oración la ayuda y capacitación sobrenaturales de Dios en cada uno de esos aspectos, y comenzamos a esforzarnos para mejorarlos.

Creo que el Señor ha reconocido nuestro esfuerzo y nuestras oraciones. Durante estos años, el segundo comentario más recurrente por parte de los nuevos miembros es: "Estamos aquí por nuestros hijos. Vinimos una vez, y ellos comenzaron a preguntarnos cuándo los llevaríamos de nuevo a la 'iglesia divertida'".

¿Cuál es el comentario que escuchamos más a menudo? Es este: "Yo no sabía que no estaba siendo alimentada hasta que llegué aquí". Nuevamente, esto podría parecerle jactancioso a quien no conozca mi corazón, pero la realidad es que cualquiera que haya sido llamado a ser pastor puede alimentar excelentemente a sus ovejas. No se necesita brillo ni talento, sino solo la firme determinación de darle prioridad a su tiempo personal con Dios a través de su Palabra, y luego comunicarle fielmente a su grey lo que reciba en esos momentos de comunión y estudio.

Por cierto, alimentar bien a las ovejas es fundamental para el evangelismo. Demasiadas personas suponen que la obra de evangelizar le corresponde solo al pastor y al personal de la iglesia. Muchos pastores parecen pensar igual. Pero el secreto para ganarnos las ciudades consiste en tener ovejas saludables y bien alimentadas. Este es el tipo de ovejas que se reproducen en los lugares de trabajo, en el mercado, y en el vecindario. Nuestra labor diaria es adiestrar evangelistas y enviarlos llenos de la Palabra y el influyente poder que solo se obtiene de haber estado en la presencia de Dios.

9

Comunicar la visión

Supongamos que usted ya recibió la visión de Dios para su iglesia y que acepta y entiende el principio de que existe un vínculo entre salud y crecimiento. Muy bien.

Ahora, una cosa es haber recibido la visión por parte de Dios, y otra ejercer una administración sabia de esa visión (ya hablaremos de ello más adelante). Otra cosa también es saber cómo comunicar correctamente esa visión a los demás.

Debo confesar que esto último no me llegó de manera natural. De mí se ha dicho que soy un hombre de visión, y supongo que es verdad si con eso se refieren a que he desarrollado el hábito de apartar tiempo para escuchar lo que Dios me quiere decir. Cuando Dios nos muestra cosas, como por ejemplo lo que Él quiere hacer a través de nosotros y de los demás, se hace más fácil delinear una visión basada en lo que Él ha dicho. Pero en lo personal nunca se me hizo fácil comunicar esa visión a otros, especialmente durante nuestros primeros años de vida como iglesia.

En esos primeros días yo daba por sentado que todos los involucrados sabían el motivo por el cuál habíamos fundado la iglesia. Usted comienza una iglesia porque el mundo necesita iglesias, ¿no es así? Jesús es la respuesta a toda necesidad y toda pregunta; y como Cuerpo de Cristo, la Iglesia es la presencia física de Jesús en la tierra. Por alguna razón, supuse que mi visión para nuestra iglesia era simplemente ser la iglesia, y que si tan solo la construíamos todo lo demás vendría por sí solo. Di por hecho que todos los que me rodeaban veían las cosas de la misma manera.

Pero "construir una iglesia" no es una visión, sino una exhortación general. ¿Qué tipo de iglesia necesitamos construir? ¿Qué estrategias de evangelización debemos emprender? ¿Qué clase de personas debemos alcanzar? ¿En qué iniciativas debemos invertir? ¿Para qué cosas específicas necesitamos preparar a los miembros?

No es de extrañar entonces que yo haya recibido tantas preguntas sobre la visión de nuestra iglesia por parte de los líderes y el equipo durante nuestros primeros años de existencia. Al menos una vez cada tres o cuatro meses yo me reunía con los ancianos y escuchaba: "Es necesario que definamos cuál es la visión de la iglesia".

Mi respuesta consistía siempre en una repetición imprecisa, balbuceada, de lo que ya mencioné. "Bueno, ustedes saben que…mi visión es construir esta iglesia…alcanzar a la gente…crecer". A esto le seguía siempre un incómodo silencio, y entonces pasábamos al siguiente tema hasta que nuevamente volvía a surgir la pregunta meses después en otra reunión.

Aunque a veces soy un poco lento, finalmente entendí que como líder, pastor, y director visionario no estaba satisfaciendo una necesidad específica y real de los ancianos y el equipo de la Iglesia Gateway. En mi corazón había mucho de esa visión pero yo no la estaba expresando simplemente porque no sabía cómo comunicarla. Le pedí al Señor que me ayudara, y este me envió su ayuda en la persona de Tom Lane.

Tom fue enviado por el cielo para que fuera mi mano derecha, o más formalmente, el pastor ejecutivo de nuestra iglesia. Él ocupó esta misma posición durante años para Jimmy Evans en la Trinity Fellowship Church en Amarillo, Texas, y es un hombre especialmente capacitado por Dios para esa función.

Uno de sus muchos dones es la capacidad que tiene de manejar gran parte de los detalles administrativos de la iglesia, logrando con ello que el pastor principal tenga tiempo suficiente para concentrarse en lo que es vital para el éxito de su labor: dedicarle tiempo a Dios y a su palabra, recibir el consejo celestial, y prepararse para alimentar a las ovejas (ver Jn. 21:17).

La iglesia Gateway tenía tres años de fundada cuando Dios puso de manera simultánea en nuestros corazones (en el mío, en el de Tom, y más importante aún en el de Jimmy Evans) la conveniencia de trasladar a Tom de su lugar de trabajo en Amarillo, a la Iglesia

Gateway para que se uniera a nuestro equipo. En un período de seis meses, Tom y su maravillosa esposa Jan ya estaban con nosotros.

Tom no era un extraño para mí ni para la Iglesia Gateway, y nosotros tampoco lo éramos para él. Como usted recordará, la Trinity Fellowship y su red de iglesias patrocinaron a Gateway desde el principio, proveyendo un salario para mí y para otro miembro del equipo durante los meses de preparación, así como el financiamiento inicial que nos permitió abrir nuestras puertas y funcionar hasta poder mantenernos por nuestra propia cuenta. Liberar a Tom Lane para que viniera a trabajar con nosotros en Gateway no fue el primer regalo valioso que Jimmy y la Trinity Church nos dieron, pero sí el más grande. Representó un gran sacrificio para ellos.

Una de las primeras cosas que Tom hizo al asumir sus funciones en Gateway fue preguntarme si teníamos un documento escrito que describiera la visión que Dios me había dado para la iglesia (¡Nuevamente el tema de la visión!). Una vez más balbuceé lo que siempre respondía cuando me hacían la pregunta, y terminé entregándole un montón de anotaciones sacadas de libretas, de mi diario, y de una serie de papeles que había acumulado durante años.

Al verlos, a Tom le pareció evidente que Dios sí me había dado una visión clara de cuáles eran sus planes para la Iglesia Gateway. Igualmente le pareció claro que yo necesitaba ayuda para tomar lo que Dios había puesto en mi corazón y plasmarlo de una manera que sirviera de guía para otros. Tom inmediatamente se puso en acción para ayudarme. Un poco más adelante daré detalles de la visión escrita que emergió de este proceso, pero por ahora lo resumiré de esta manera: Cuando dije "Construir la iglesia", no estaba hablando de crecer por crecer, o de un mero crecimiento numérico. Mi visión no consistía simplemente en *sumar* números, sino en *hacer* discípulos.

Tom comenzó el proceso poniéndose al corriente en términos generales, teóricos, y espirituales del plan que yo creía que el Señor me había comunicado para la Iglesia Gateway. Con un bolígrafo y un papel en la mano, me hizo preguntas específicas para poder establecer la manera en que los elementos de esa visión podían traducirse en programas, prioridades, y prácticas.

Tom: ¿Visualizas a la iglesia ofreciendo un ministerio especial para los solteros?

Yo: ¡Sí!

Tom: ¿Visualizas tener sedes adicionales en algún momento?

Yo: ¡Sí!

Tom: ¿Visualizas implantar una Escuela Dominical tradicional para ayudar a los nuevos creyentes a aprender de la Biblia?

Yo: No, pero sí pienso tener una serie de clases, tal vez los miércoles en la noche, dedicadas al estudio de la Biblia y temas bíblicos. Esto puede dar la oportunidad a los integrantes de nuestro equipo y a los miembros de la iglesia que tienen el don de la enseñanza, de servir y poner en práctica su don para el avance de nuestra misión de hacer discípulos.

Tom: ¿Visualizas que la iglesia tenga un preescolar y una escuela en algún momento futuro?

Yo: Sí, pero no tan pronto. Ese es un proyecto grande.

Y así continuó el diálogo hasta que Tom pudo armar un documento que delineaba de manera clara, veraz, y con detalles prácticos lo que yo pensaba que el Señor me había comunicado en teoría espiritual.

Por supuesto, el requisito indispensable fue haber recibido esas directrices de parte de Dios. Usted no podrá comunicar su visión a menos que la haya recibido. Permítame compartir unas cuántas cosas fundamentales para que pueda hacerlo tanto en su vida como en su ministerio.

Plasmar la visión

S<small>I USTED ES EL TÍPICO PASTOR, TENDRÁ ESTANTES DOBLADOS POR EL</small> peso de todos los libros de liderazgo. Hay mucho material excelente, algunos escrito por pastores como John Maxwell y Bill Hybels, y otros por gurús de los negocios como Jim Collins y Stephen Covey. Todos valen la pena. Si usted ha leído mucho sobre este tema, conocerá entonces la importancia vital que una declaración de visión y misión tienen.

La visión es el arma más importante en el arsenal de un líder, y como ya vimos, una declaración de visión bien redactada es una herramienta esencial para ayudar a saber a todos los participantes "qué es lo más importante". Como le fue dicho a Habacuc (parafraseo): "Escribe la visión claramente, para que quienes la lean corran, y lo hagan en la dirección correcta" (ver Hab. 2:2).

Muchos pastores delegan el trabajo de redactar la visión al liderazgo de la iglesia. Existe la creencia de que hay más posibilidades de que el equipo acepte la visión si se le permite jugar un papel en su confección. Yo creo que los pastores debemos tener cuidado con esto. Es fácil que la visión se diluya, se corrompa, o sea desviada por las propuestas bienintencionadas de otros. Buscar ayuda para poder expresar lo que Dios le ha dado es ciertamente útil, pero es vital recordar que esa visión comienza con una persona.

Si estudia la Biblia, encontrará que Dios no suele impartir su visión a grupos, sino que siempre se dirige a una persona. Pero note esto: Él siempre espera que esa persona comunique la visión claramente a otros. ¿Por qué? Porque la visión solo puede ser *llevada a cabo* por un equipo. David tenía sus hombres poderosos. Moisés tenía a Aarón, a María, a Josué, y a setenta ancianos. Jesús tenía a sus discípulos.

Las declaraciones de visión y misión, y las declaraciones de propósito generalmente se establecen en reuniones de colaboración que resultan muy productivas. Sin embargo, sé por experiencia propia que la mayoría de la gente no las recordará después de que la reunión haya terminado. Un año después, las posibilidades de escuchar una conversación como esta son grandes:

> Primer miembro del equipo: "Deberíamos implementar la iniciativa XYX. Después de todo, nuestra declaración de misión dice: 'Bla, bla, bla...'"
>
> Segundo miembro del equipo: "Espera. Yo pensé que esa era nuestra declaración de propósito".
>
> Tercer miembro del equipo: "No. Eso está incluido en nuestra declaración de visión. ¿O es en...?".

Es necesario que escriba la visión para que aquellos que la lean puedan correr en la dirección correcta. Y al hacerlo, dirija por todos los medios a su alcance al equipo y a los líderes involucrados para que extiendan esa visión en la creación de las declaraciones de misión y propósito. Pero permítame animarlo a asegurarse de que lo que surja sea algo que la gente pueda entender, recordar, y aprender.

La mejor declaración de misión de una iglesia que yo he escuchado es la de la Creek Community Church de Bill Hybel: "Convertir a personas que no son religiosas en seguidores consagrados de Cristo". Ojalá yo hubiera pensado en eso. Sencillo, atractivo, aplicable, y determinante.

Los documentos de visión, misión y propósito cumplen una importante función—y al final de este capítulo compartiré con usted algunos de los nuestros en Gateway—, pero ninguno de ellos, que son creados para una audiencia interna, deben ser confundidos con el lema de la iglesia o la declaración de posicionamiento. Esto último está dirigido a una audiencia externa, la comunidad que lo rodea. El lema tiene menos de liderazgo, y más de mercadeo (que por cierto, Dios no se opone a la publicidad y el mercadeo sanos, pero estos nunca pueden tomar el lugar de la unción, el evangelismo, y el alcance comunitario).

Durante nuestros inicios como iglesia, le pedí al Señor que me inspirara una declaración de posicionamiento que presentara de manera veraz y atractiva nuestro sentir a la comunidad.

Como respuesta Dios me dio una simple expresión de su corazón: "We're all about people" [Nos enfocamos en la gente], la cual permanece hasta hoy.

Secretos para una iglesia de bendición

La visión es el arma más importante en el arsenal de un líder, y como ya vimos, una declaración de visión bien redactada es una herramienta esencial para ayudar a saber a todos los participantes qué es esencial para su ministerio.

"Donde no hay visión, el pueblo se desenfrena"
(Pr. 29:18, LBLA).

Con el paso de los años algunos han cuestionado esta declaración. "¿Cómo pueden decir que se enfocan en la gente? ¿No deberían enfocarse es en Jesús?".

Por supuesto que disfrutar de una relación con Dios a través de su Hijo Jesús es el eje de lo que somos, pero reconocemos que somos el Cuerpo de Cristo en la tierra. Somos sus representantes en un mundo perdido y moribundo, por el cual Jesús dio su vida. Proclamamos confiada y abiertamente que nos enfocamos en la gente porque adoramos, servimos, y representamos a Aquel que amó tanto al mundo que Dios a su único Hijo. Como nos enfocamos en Dios, nos enfocamos en lo que a Él más le importa: ¡La gente!

¿Cuál es entonces la declaración de visión de la Iglesia Gateway? Con el paso de los años hemos pulido una declaración corta, de siete elementos; que creo que expresa de manera clara la visión que recibí de parte de Dios. Si usted se encuentra con cualquier miembro de nuestro equipo de pastores y le pregunta sobre la visión de la Iglesia Gateway, con toda seguridad escuchará algo así como respuesta:

La visión de la Iglesia Gateway es ver a la gente salvada, sanada, liberada, discipulada, preparada, capacitada, y sirviendo en un ministerio.

Yo podría expandirme en todos y cada uno de estos siete elementos para mostrarle cómo se traducen en prioridades y ministerios, pero esa sencilla oración lo resume todo. Era lo que yo quería expresar en mis comienzos cuando decía: "Construir la iglesia". Es lo que Dios sembró en mi corazón hace muchos años, pero plasmado ahora en una oración clara, concisa, y contagiosa. Es la brújula que dirige nuestras inversiones. Es la vara con la que medimos nuestro progreso. Es la norma por la que evaluamos los nuevos programas e iniciativas.

De ella surge la declaración de misión que define lo que queremos para ayudar en la experiencia de cada miembro de iglesia. Nuestra misión es activar a la gente en la formación espiritual en cuatro aspectos:

1. Creer en Jesús.
2. Pertenecer a su familia.
3. Convertirse en su discípulo.
4. Construir su Reino.

Una visión bien articulada debe describir más de lo que usted desea hacer. Expresará de manera ideal *cómo* usted piensa conducirse. Después de todo, antes de que usted pueda hacer algo usted debe *ser* algo. Ser está antes que hacer. En otras palabras, usted debe responder la pregunta: ¿Qué valores y virtudes deben caracterizar a nuestra comunidad y nuestra idiosincrasia si queremos a llevar a cabo esta visión?

Con ese fin, establecimos doce principios basados en la Biblia para alcanzar nuestros objetivos y guiar nuestras acciones como dirigentes y como iglesia:

1. Unidad (ver Sal. 133)
2. Excelencia (ver Mt. 5:16)
3. Humildad (ver Stg. 4:6)
4. Servicio (ver Ez. 44; Mt. 20:28)
5. Fe (ver Heb. 11:6)

6. Equidad (ver Jer. 22:13–16; Stg. 2:1–4)

7. Compasión (ver 1 P. 3:8)

8. Sumisión (ver Ro. 13:1)

9. Integridad (ver Flp. 2:15)

10. Generosidad (ver 2 Co. 9:6)

11. Énfasis en el Reino (ver 1 Co. 12:14–27)

12. Énfasis en la verdad y el Espíritu (ver Jn. 1; 14; 16)

La visión que Dios bendice es la visión que usted permite que Él le dé. Necesitará de fe y de una santa osadía para recibirla. Tal vez necesite identificar primero su santo descontento para entender la visión, pero finalmente usted tendrá que encontrar la manera de comunicarla a otros de manera clara y convincente para poder verla materializada.

TERCERA PARTE

Pastores de bendición

11

Ser líderes no es una opción

Yo antes solía preguntarme por qué razón alguien querría seguirme. Muchos pastores admiten haber tenido la misma duda en algún momento. "Me encanta predicar y enseñar—dicen—. También servir y compartir. Pero no me considero un líder natural".

Es entendible. Sin embargo, eso no cambia los hechos. Si usted ha sido llamado a ser pastor, ha sido llamado a dirigir. Esa una de las características de este trabajo. Aun así, todos tenemos la tendencia a fijarnos demasiado en nuestros defectos, errores, y debilidades. Nos fijamos mucho en nuestra humanidad.

Ocurre también que a veces la gente nos pone en un pedestal espiritual, lo cual no ayuda en nada. El miembro de iglesia promedio, así como la gente en la calle piensa que nosotros los pastores tenemos una línea telefónica especial de conexión constante con el cielo, o pases VIP al trono de Dios. ¡Ojalá fuera así!

La verdad es que al pie de la cruz el suelo está al mismo nivel para todos.

Cuando me siento tentado a creerme esos mitos sobre mi persona, recuerdo una historia divertida que le ocurrió al fallecido David Wilkerson, el legendario pastor que dirigió la Iglesia Times Square en la ciudad de Nueva York. Dos de los cuatro hijos de David y varios de sus nietos son miembros de la Iglesia Gateway, así que tuve el privilegio de ministrarle a su familia luego de su repentina muerte en el año 2011 a causa de un accidente automovilístico.

En el servicio fúnebre, uno de sus hijos habló de un momento en la vida de Wilkerson, ya en sus setentas, en el que oró y estudió intensamente la Biblia. Aparentemente el tema de la gloria de Dios le fascinaba, y durante tres meses Wilkerson se apartó para poder dedicarse a estudiar pasajes de la Biblia en los que esta presencia se manifestaba. Wilkerson anhelaba poder acercarse tanto a Dios, que su presencia y amor literalmente pudiera ser visible a los demás a través de él.

No se trataba de un capricho personal. Él era un evangelista nato, y lo único que un evangelista nato desea es ser una publicidad ambulante de Dios. De hecho, al principio de esta misión le dijo a su esposa: "Creo que puedo acercarme tanto a Dios que la gente podrá ver la Shekhiná en mi rostro, como ocurrió con Moisés. Eso es lo que le estoy pidiendo a Dios. Quiero que las personas se acerquen a preguntarme por Jesús, y yo pueda llevarlas a Él".

Sea como sea, al final de este período de tres meses de retiro y comunión con Dios, finalmente David emergió y llevó a su esposa a cenar en un restaurante. Mientras comían, se dio cuenta de que una de las meseras lo miraba constantemente. Él notó que la mesera no dejaba de mirarlo y, emocionado, se lo mencionó a su esposa. "Gwen, esa mesera que está allá puede ver la gloria de Dios en mi rostro. Lo sé. Ella percibe que he estado con Dios".

Como era de esperarse, unos minutos después la mesera se acercó tímidamente a la mesa. David se enderezó en la silla, carraspeó, y se preparó mentalmente para dar una respuesta espiritual profunda a cualquier pregunta que la mujer tuviera en su corazón.

Finalmente ella habló, y dijo:

—Disculpe pero he estado viéndolo desde que llegó, y tengo que preguntarle algo…

Llegó el momento, pensó David.

—¿Es usted Hugh Hefner?

Con el tiempo David finalmente pudo terminar riéndose del incidente, pero solo después de la conmoción inicial y la gran desilusión que sintió. Ya era suficiente con que nadie notara su brillo espiritual producto de su cercanía con Dios, ¡pero peor aun que la única persona que pareció darse cuenta de algo estaba confundiéndolo con el rey de la obscenidad en Estados Unidos!

"Después de todo, soy un simple ser humano", fue su conclusión.

Y la verdad es esa: solo somos simples mortales. Aun así, su éxito como pastor (o padre, o dueño de negocio) requiere de la capacidad de dirigir y de preparar líderes a su alrededor.

Secretos para una iglesia de bendición

Si usted ha sido llamado a ser pastor, ha sido llamado a dirigir. Aun así, todos tenemos la tendencia a fijarnos demasiado en nuestros defectos, errores, y debilidades. La verdad es que al pie de la cruz el suelo está al mismo nivel para todos.

"Señor Jehová, ¿quién soy yo, y qué es mi casa, para que tú me hayas traído hasta aquí?" (2 S. 7:18).

De hecho, para alcanzar un éxito perdurable y la salud de su congregación, esto último de preparar líderes es tal vez más importante que lo primero. Los pastores, inclusive aquellos que son excelentes líderes y gerentes eficientes, terminarán colapsando ante las demandas del ministerio y las cargas del crecimiento si no aprenden el arte y la ciencia de identificar, cultivar, y capacitar nuevos líderes.

En los siguientes capítulos compartiré algunos de los secretos del liderazgo práctico y espiritual que he descubierto a través de los años, y que son especialmente útiles para los simples mortales como nosotros que hemos sido llamados a ejercer la función de pastores.

Alimentar y dirigir

EL CAPÍTULO 21 DE JUAN SE HA CONVERTIDO EN UN PASAJE determinante para mí como pastor. Este registra una interesante conversación entre Jesús resucitado y Pedro después de que este último lo hubiera negado tres veces (tres veces negó Pedro a su amigo y mentor a pesar de que sabía que se encontraba en la hora más oscura de su vida). Tanto he estudiado y meditado este pasaje, que siento como si yo hubiera sido el que caminó con Jesús a la orilla del lago ese día.

Vale la pena citar este pasaje familiar en su totalidad:

"Después del desayuno, Jesús le preguntó a Simón Pedro:

—Simón, hijo de Juan, ¿me amas más que estos?

—Sí, Señor—contestó Pedro—, tú sabes que te quiero.

—Entonces, alimenta a mis corderos—le dijo Jesús.

Jesús repitió la pregunta:

—Simón, hijo de Juan, ¿me amas?

—Sí, Señor—dijo Pedro—, tú sabes que te quiero.

—Entonces, cuida de mis ovejas—dijo Jesús.

Le preguntó por tercera vez:

—Simón, hijo de Juan, ¿me quieres?

A Pedro le dolió que Jesús le dijera la tercera vez: '¿Me quieres?'. Le contestó:

—Señor, tú sabes todo. Tú sabes que yo te quiero.

Jesús dijo:

—Entonces, alimenta a mis ovejas.

Te digo la verdad, cuando eras joven, podías hacer lo que querías; te vestías tú mismo e ibas adonde querías ir. Sin embargo, cuando seas viejo, extenderás los brazos, y otros te vestirán y te llevarán adonde no quieras ir.

Jesús dijo eso para darle a conocer el tipo de muerte con la que Pedro glorificaría a Dios. Entonces Jesús le dijo: 'Sígueme'" (Jn. 21:15–19, NTV).

En el texto original griego hay una gran cantidad de matices y símbolos en el intercambio de palabras entre Jesús y Pedro que se pierden con la traducción a nuestro idioma.

Por ejemplo, cuando Jesús le pregunta a Pedro: "¿Me amas?", usa la palabra *ágape* que representa el amor sacrificado y entregado de Dios. Sin embargo, las primeras veces Pedro responde: "Sí señor, tú sabes que te quiero" usando la palabra *fileo*, que denota más bien afecto, amistad, confianza, y devoción, pero no amor como *ágape*.

Pedro no estaba siendo descortés o evasivo. Debemos recordar que apenas unos días antes él había expresado que no abandonaría a Jesús, independientemente de lo que ocurriera. Sin embargo, en menos de veinticuatro horas de haber hecho esa declaración, Pedro había negado a Jesús tres veces. Es de suponer que en las horas siguientes a la crucifixión, cargadas de angustia y de culpa, Pedro haya tomado la determinación de jamás volver a alardear de esa manera.

Más nunca vuelvo a dejar que mi boca escriba cheques que mi corazón no puede cobrar, pudo haber pensado Pedro. Entonces, lo encontramos ahora a la orilla del lago junto a Jesús, quien le pregunta si él lo ama con un amor como el de Dios. Las respuestas de Pedro a la insistente pregunta de Jesús muestran un esfuerzo por evitar prometer cosas que no podrá mantener.

Fíjese que durante la primera sesión de preguntas y respuestas, la respuesta de Jesús fue: "Alimenta a mis corderos". Esta traducción es correcta. Los griegos usaban una palabra diferente para referirse a las ovejas adultas. De hecho, esa fue la palabra que Jesús usó en la segunda sesión:

"Simón, hijo de Juan, ¿me amas [ágape]?

—Sí, Señor—dijo Pedro—, tú sabes que te quiero [fileo].

—Entonces, cuida de mis ovejas" (v. 16).

La palabra griega traducida aquí como "cuida" es *poimainō*, que denota más que algo más que alimentar. Este término sugiere nutrir, proteger, vigilar. En otras palabras, ¡pastorear!

La primera vez que preguntó, Jesús dijo: "Alimenta a mis corderos". La segunda vez dijo: "Cuida a mis ovejas". ¿Qué dijo en la tercera? Jesús cambia su exhortación nuevamente: "Alimenta a mis ovejas" (v. 17).

Pero Jesús no terminó allí. Continuó profetizando sobre la muerte de Pedro.

Aunque parezca extraño, Jesús le dijo esto a Pedro para tranquilizarlo. Las respuestas de Pedro en la conversación dejaban claro que Pedro no estaba seguro de su capacidad de mantener su compromiso estando bajo presión o persecución. Lo que Pedro no sabía en ese momento era que después de la resurrección de Jesús, este enviaría el Espíritu Santo para que habitara en él y lo capacitara con poder. Él no se imaginaba el cambio que representaría la presencia poderosa y transformadora del Espíritu Santo en su capacidad de llevar a cabo los planes de Dios.

Jesús profetizó que llegaría un día en que Pedro tendría que entregar su vida por Jesús, ¡y que ese día permanecería firme en sus convicciones! Lo que Jesús le estaba diciendo a su amigo era: "Pedro, tú vas a morir por mí". Esa debe haber sido la peor buena noticia que Pedro jamás recibió en su vida.

En otras palabras, lo que Jesús dijo fue: "Ser un pastor te va a costar la vida". Así de serio es este llamado, y con esa misma seriedad yo he aprendido a asumirlo. Si hoy me cortan, sangro ovejas. ¿Por qué? Porque soy un pastor. Mi impulso instintivo es el de proteger a las ovejas. Como resultado, no permito que nadie en mi púlpito les haga daño. Nadie. Los que comparten el púlpito en la Iglesia Gateway conmigo alimentan las ovejas. Alientan a las ovejas. Preparan a las ovejas. Usted solo puede tener acceso a las ovejas bajo mi cuidado si tiene corazón de pastor y está dispuesto a dar su vida por ellas.

Secretos para una iglesia de bendición

> La mayoría de los pastores como yo se sorprenden al enterarse de que yo me ocupo más en *alimentar* que en *dirigir* (administrar).
>
> "Tengan cuidado de sí mismos y de todo el rebaño sobre el cual el Espíritu Santo los ha puesto como obispos para pastorear la iglesia de Dios, que él adquirió con su propia sangre" (Hch. 20:28, NVI).

En las tres preguntas que Jesús le hizo a Pedro, desplegó los tres niveles de crecimiento espiritual que un pastor debe atender.

Primero: "Alimenta mis corderos". En otras palabras, alimente a los jóvenes, los nuevos cristianos, y aquellos que están encaminados a convertirse en creyentes. Cuando usted predique un sermón, asegúrese de que el mensaje también le llegue a los corderos.

Segundo: "Cuida de mis corderos". Haga que el rebaño—el cuerpo de la iglesia como un todo—avance por el camino correcto. Corríjalo. Establezca la norma. "Redarguye, reprende, exhorta con toda paciencia y doctrina" (2 Tim. 4:2).

Tercero: "Alimenta a mis ovejas". Es decir, asegúrese de que los cristianos maduros también obtengan alimento. Cuando comunique un mensaje, este tiene que ser accesible para todos, incluyendo a los bebés cristianos, sin pasar por alto a los creyentes experimentados. Los pastores han de incluir constantemente cápsulas de la verdad y enseñanzas que los miembros maduros del rebaño puedan degustar.

Cuando termino de preparar un mensaje, me pregunto deliberadamente si he incluido a todos los destinatarios. Obviamente, para poder lograrlo usted tiene que dedicar suficiente tiempo de preparación a los sermones. Yo dedico el mayor porcentaje de mis horas de trabajo a mi preparación para alimentar a las ovejas, y a alimentarlas. De hecho, la mayoría de los pastores como yo se sorprenden al enterarse de que yo me ocupo más en *alimentar* que en *dirigir* (administrar).

Simplemente, estas dos palabras describen mis dos grandes responsabilidades. Sin duda se trata de una función compleja, pero como pastor puedo decir que todo se reduce a alimentar y dirigir. Si usted no está interesado en alimentar y dirigir, entonces probablemente no ha sido llamado a ser un pastor principal. La mayor parte de alimentar a las ovejas consiste en predicar.

Yo creo que Dios me dio el don de predicar y enseñar, pero como todo don este tiene que ser desarrollado y pulido. El proceso de desarrollo significó para mí observar atentamente a otros predicadores y maestros exitosos. Los estudié como un golfista aprendiz estudia el *swing* de los jugadores legendarios y pregunté por qué los comunicadores más efectivos de la verdad del evangelio hicieron lo que hicieron.

También vi videos en los que yo predicaba, lo cual no fue nada fácil, y de hecho a veces hasta pesado. En mis primeras dos décadas como ministro, es probable que me haya visto o escuchado predicando miles de veces. Al principio lo que más resaltaba eran los pequeños tics nerviosos verbales y muletillas que todos inadvertidamente mostramos cuando hablamos en público.

Una vez compartí esta técnica de mejoramiento personal con un pastor que se me acercó para que lo aconsejara. Su iglesia sencillamente no crecía, y estaba buscando ayuda.

—¿Qué cosas nota cuando usted se escucha predicando?—le pregunté.

—Oh no—me respondió—, yo no soporto escucharme a mí mismo predicando.

—Pues parece que los demás tampoco—le dije—. Y tal vez ese es el problema.

Yo sé que es incómodo y desconcertante escucharse a uno mismo, y doblemente difícil verse, ¡pues uno se horroriza de como se escucha *y* como se ve!

Hace unos años me estaba escuchando dando una clase, y me di cuenta de que había desarrollado el hábito de repetir la frase: "Quiero decirles algo…". Una vez lo advertí, cada rato la escuchaba. Se había convertido en una muletilla. Fue impresionante la cantidad de veces que repetí la frasecita. Mucho antes de que concluyera el mensaje, terminé gritándome a mí mismo: "¡Solo diles lo que les vas a decir y ya! ¡Ellos te están escuchando!".

Salí de esa despiadada sesión de audio consciente de que tenía un hábito que tenía que romper si quería ser un comunicador más efectivo, y una comunicación efectiva de la verdad espiritual es esencial para alimentar a las ovejas. Así que me propuse mejorar en ese sentido.

Por supuesto, aún estoy trabajando para convertirme en un mejor predicador. Siempre hay que darle cabida al mejoramiento. Yo no ando buscando ser mejor que nadie, sino simplemente ser lo mejor que pueda.

Si usted ha sido llamado a ser un pastor, yo deseo que usted también haga lo mejor que pueda. Por eso escribí este libro. Permítame asegurarle que si usted puede comunicar bien la Palabra de Dios, usted puede hacer crecer una iglesia. Si usted puede alimentar a las ovejas, las ovejas vendrán.

En una ocasión almorcé con un caballero que conocía a varios pastores del lugar. Este señor me dijo:

—¿Sabía usted que algunos pastores piensan que usted es un ladrón de ovejas porque muchos de sus feligreses se han marchado y ahora asisten a la Iglesia Gateway?

—Yo no soy un ladrón de ovejas—le respondí—, pero el pasto que cultivo es delicioso.

Con toda sinceridad, si una familia asiste a una iglesia en la que no está siendo alimentada con la Palabra de Dios, mi esperanza es que su pastor comience a alimentarla. Si eso no ocurre, entonces espero que *vengan* a Gateway porque yo sí los voy a alimentar. Los voy a cuidar. Voy a orar por ellos. Los voy a preparar para el éxito en la vida y en el ministerio. En otras palabras, voy a ser un buen pastor.

Yo alimento y dirijo, pero si me toca escoger una de estas cosas como mi única prioridad, diría que alimentar es la más importante. Sospecho que muchos pastores escogerían de otra manera. Muchos piensan que dirigir es la función principal del pastor, pero yo no estoy de acuerdo con eso. ¿Por qué? Porque uno no puede llevar personas desnutridas a una batalla. Uno las alimenta, y se asegura de que crezcan fuertes, alertas, y preparadas. Solo así habrá entonces un grupo al cual dirigir.

"Alimenta a mis ovejas" es el llamado de Dios para mi vida.

13

Buenos pastores, falsos pastores y asalariados

¿Me creería si le digo que una vez aprendí una lección sobre ovejas dispersas gracias a una reina madre? Permítame explicarle. Debbie y yo estábamos en un crucero, y compartíamos el hermoso navío y el espectacular paisaje con un nutrido grupo de mujeres de un reconocido club de mujeres que se distingue por usar sombreros de colores brillantes. Estaban celebrando una especie de convención nacional.

Al poco tiempo me enteré de que a la líder elegida por cada capítulo del club la llaman la "reina madre". Basado en mis observaciones informales pero curiosas durante esa semana, me di cuenta de que algunas de estas reinas madre habían dejado que el título se les subiera a la cabeza.

Uno de esos días Debbie y yo estábamos haciendo una fila para una excursión a la playa, y una "reina madre" estaba detrás de nosotros. ¿Cómo lo supe? Me di cuenta inmediatamente. Se conducía con aires de majestuosidad en medio de su pequeño grupo. Como empedernido estudiante de la naturaleza humana y de las dinámicas organizacionales que soy, no pude resistir entablar una conversación con ella.

—Oiga—le dije para iniciar la conversación—, yo nunca había escuchado hablar de [nombre del grupo] antes de este crucero. Me gustaría que me hablara un poco de lo que se trata.

Ella respondió amablemente, y me explicó que la mayoría de las ciudades cuentan con un capítulo del grupo y que cada capítulo tiene una líder que es conocida como la reina madre.

—Cada una es la reina de su respectivo capítulo—me dijo—. Yo por ejemplo, soy bien estricta con mi grupo. Yo les digo: "Si no te gusta la manera en que hacemos las cosas, eres libre de irte a otro club o comenzar uno por tu cuenta".

—¿Y de qué tamaño es su capítulo?—le pregunté intrigado

—Somos unas quince, y aunque siempre hay nuevas mujeres que se unen, el grupo ha tenido la tendencia a mantener un tamaño manejable y agradable de quince miembros. Ha sido así durante años.

Inmediatamente pensé: *Creo saber por qué.*

En mis años de experiencia he conocido pastores con la misma mentalidad de esta reina madre. Tienden a dispersar a las ovejas. Con toda humildad, pero honestamente les digo que es preferible que abandonen el ministerio y se busquen otra profesión. Si a usted no le duele la gente y no ha tenido un verdadero llamado de Dios para el ministerio; si en su corazón no siente la necesidad de ayudar, alimentar, desarrollar, y preparar a las personas, usted no está beneficiando a nadie, ni siquiera a usted mismo. Si le parece que el suyo es un simple trabajo más, ¡entonces es momento de que renuncie!

La Biblia tiene mucho que decir sobre los buenos pastores, pero también dice cosas muy duras y serias sobre los malos. El capítulo 23 de Jeremías, por ejemplo, trae una severa advertencia sobre los falsos profetas:

"¡Ay de los pastores que destruyen y dispersan las ovejas de mi rebaño! dice Jehová. Por tanto, así ha dicho Jehová Dios de Israel a los pastores que apacientan mi pueblo: Vosotros dispersasteis mis ovejas, y las espantasteis, y no las habéis cuidado. He aquí que yo castigo la maldad de vuestras obras, dice Jehová!" (Jer. 23:1–2).

Fíjese en la palabra "dispersan" en el pasaje anterior. Esta es la marca de un falso pastor. Sus iglesias invariablemente no crecen.

La mejor manera de identificar a un falso pastor es examinando su historial de ovejas dispersas. Sus iglesias van decreciendo, o al menos permanecen igual con el paso de los años. No deja de sorprenderme saber que algún pastor ha dicho algo como: "Oiga, si a usted no le gusta aquí, puede irse a otro lugar". Esto demuestra que no entienden que a quienes les están hablando es a las ovejas de Dios, a los integrantes de su pueblo.

Le ruego que no actúe como una reina madre. Evite a toda costa una actitud de: "O es como yo digo, o te vas". El liderazgo de un verdadero pastor no se parece a eso. De hecho, la cosas deben hacerse a la manera de Dios, no a su manera.

Con esto no estoy sugiriendo que el pastor no ha mantener un ojo puesto sobre aquellos individuos de su iglesia que sean problemáticos o lobos con piel de oveja. En casos así es necesario apartar a esas personas e insistir en que se vayan. Pero otra cosa completamente diferente es pararse en el púlpito y decirle a la congregación: "Escuchen, si no les gusta la manera en que yo estoy haciendo las cosas pueden irse". Esto definitivamente dispersará al pueblo de Dios.

Échele otra mirada a la cita. Fíjese de quién es el pasto donde están actuando los pastores. Dios dice: "¡Ay de los pastores que destruyen y dispersan las ovejas de *mi rebaño!*". ¿Quién es el dueño de las ovejas? ¡Dios!

Fíjese que Dios dirige sus palabras: "A los pastores que apacientan [alimentan] mi pueblo". Como hemos visto, la función sagrada y fundamental del pastor es *alimentar* y *dirigir.*

Finalmente, ponga su atención a lo que Dios les dice a estos falsos pastores que dispersan el rebaño: "He aquí que yo castigo la maldad de vuestras obras".

Yo no sé qué opina usted, pero estas son palabras que yo jamás deseo escuchar de Dios. ¿Se imagina cómo va a ser el día del juicio para los falsos pastores, aquellos que han perjudicado a las ovejas de Dios? El solo pensarlo me hace poner la piel de gallina.

¿Cuál es entonces el remedio de Dios para el problema de los falsos pastores? Él encontrará buenos pastores para sus ovejas:

"Yo mismo reuniré al resto de mis ovejas. Las haré venir de todos los países por los que las esparcí, para devolverlas a sus apriscos. Allí se reproducirán y se multiplicarán. A cargo de ellas pondré pastores que las cuiden y alimenten, Y nunca más volverán a tener miedo ni a asustarse, y ninguna de ellas se perderá. Palabra del Señor" (vv. 3–4, RVC).

Dios dice: "A cargo de ellas pondré pastores que las [...] alimenten". Una y otra vez encontramos en la Palabra que el deber básico y principal del pastor es alimentar a las ovejas.

Ciertamente, muchas iglesias languidecen por estar dirigidas por falsos pastores que actúan bajo motivos equivocados. Pero esa no es la única causa del fracaso. Yo creo que hay también muchos pastores verdaderos que están simplemente en la posición equivocada en la estructura eclesiástica.

Por ejemplo, si usted no tiene el don de la predicación, entonces no debería ser un pastor principal (o con grandes responsabilidades en el púlpito). Esto no significa que usted no tiene vocación de pastor. Simplemente, que debería expresar su vocación en una posición de la estructura de la iglesia en la que alimentar a las ovejas no sea su responsabilidad principal.

Obviamente, un buen pastor hace mucho más que alimentar a las ovejas. En Juan 10 Jesús nos da una visión más amplia de las funciones del pastor. De hecho, el capítulo completo está dedicado al tema del pastor. En él aprendemos que el pastor verdadero protege de manera natural, abnegada, y vigilante a sus ovejas.

En Juan 10:11–12 Jesús declara: "Yo soy el buen pastor; el buen pastor su vida da por las ovejas. Mas el asalariado, y que no es el pastor, de quien no son propias las ovejas, ve venir al lobo y deja las ovejas y huye, y el lobo arrebata las ovejas y las dispersa".

Secretos para una iglesia de bendición

Yo creo que hay también muchos pastores *verdaderos* que están simplemente en la posición equivocada en la estructura eclesiástica.

"Hay diversas maneras de servir, pero un mismo Señor. Hay diversas funciones, pero es un mismo Dios el que hace todas las cosas en todos. A cada uno se le da una manifestación especial del Espíritu para el bien de los demás" (1 Co. 12:5–7, NVI).

El pastor debe estar dispuesto a entregar su vida por las ovejas. El mundo exterior es espiritualmente peligroso. El enemigo de las almas anda merodeando en busca de los débiles, los jóvenes, los vulnerables, y los afligidos; y en la primera oportunidad que tenga los devorará (ver 1 P. 5:8). El verdadero pastor está al tanto de esto y permanece en constante vigilancia por las ovejas. Peleará por ellas, y sacrificará comodidades y descanso por protegerlas.

El asalariado huye porque lo que hace es solo un trabajo para él. Jesús declara que Él no es un asalariado y, como veremos continuación, quienes reciben su llamado tampoco piensan o responden como asalariados.

14

El verdadero llamado
del pastor

En el tercer capítulo de Jeremías encontramos una maravillosa promesa profética. Allí el Señor habla de un día de bendición futuro en el que viviremos, y dice: "os daré pastores según mi corazón, que os apacienten con ciencia y con inteligencia" (Jer. 3:15).

Este versículo tiene dos verdades implícitas. La primera es que los pastores verdaderos son una bendición de Dios para su pueblo. La otra es que hay pastores que no están haciendo su trabajo como Dios lo requiere.

En el evangelio de Juan Jesús advierte sobre los falsos pastores:

> "De cierto, de cierto os digo: El que no entra por la puerta en el redil de las ovejas, sino que sube por otra parte, ese es ladrón y salteador. Mas el que entra por la puerta, el pastor de las ovejas es. A este abre el portero, y las ovejas oyen su voz; y a sus ovejas llama por nombre, y las saca. Y cuando ha sacado fuera todas las propias, va delante de ellas; y las ovejas le siguen, porque conocen su voz. Mas al extraño no seguirán, sino huirán de él, porque no conocen la voz de los extraños. Esta alegoría les dijo Jesús; pero ellos no entendieron qué era lo que les decía" (Jn. 10:1–6).

En la ilustración de Jesús, el redil es la Iglesia. Describe a alguien que trata de llegar hasta donde están las ovejas por otro lugar aparte de la puerta (en un momento nos daremos cuenta de lo que representa la puerta). Continúa diciendo que quien no entra por la puerta sino por otro lugar, es un "ladrón y salteador". Unos versículos más adelante, Jesús reitera que "el ladrón no viene sino para hurtar y matar y destruir" (Jn. 10:10). Jesús deja claro que el falso pastor está de por sí haciendo la obra de Satanás.

¿Y qué podemos decir de los buenos pastores, aquellos de los que Jeremías profetizó que pastorearían de acuerdo al corazón de Dios? Jesús también se refiere a ellos en su discurso. Es evidente que cuando Jesús habla del buen pastor, se está refiriendo primeramente a Él mismo (lo dice explícitamente en los versículos 11 y 14). Pero estas características también se aplican a aquellos que son llamados por el Buen Pastor para servir por debajo de Él como pastores.

Jesús nos da varias características primordiales del ministerio de un verdadero pastor. Fíjese que él dice: "A este abre el portero, y las ovejas oyen su voz; y a sus ovejas llama por nombre, y las saca. Y cuando ha sacado fuera todas las propias, va delante de ellas; y las ovejas le siguen, porque conocen su voz" (vv. 3–4).

Note que Jesús dirige a sus ovejas marchando delante de ellas. Él no va detrás gritando y dirigiéndolas con un látigo. Tampoco las va empujando con una vara puntiaguda. Él va delante de ellas con su vara de pastor mostrándoles el camino. En otras palabras, el verdadero pastor marca el rumbo por el que quiere que vayan sus ovejas. Lidera mediante el ejemplo.

Esta ilustración contiene una poderosa lección para los pastores. Por cierto, la vara del pastor sirve para alejar a los lobos y otros depredadores, no para golpear a las ovejas. Los verdaderos pastores dirigen a las ovejas y enfrentan al enemigo.

¿Se fijó usted en el pequeño comentario que hace Juan al final del discurso de Jesús sobre los pastores falsos y los verdaderos? Está en el versículo 6: "Esta alegoría les dijo Jesús; pero ellos no entendieron qué era lo que les decía". ¿Cómo supo Juan esto? Porque él fue uno de esos "ellos" que no entendieron. Tal vez al ver el rostro desconcertado de los discípulos, Jesús fue más explícito:

> "Volvió, pues, Jesús a decirles: De cierto, de cierto os digo:
> Yo soy la puerta de las ovejas. Todos los que antes de mí

vinieron, ladrones son y salteadores; pero no los oyeron las ovejas. Yo soy la puerta" (vv. 7–9).

Quien intente ser un pastor sin pasar por Jesús es ilegítimo y destructivo. Esto significa que solo Jesús puede llamar y dotar a los verdaderos pastores. Para ser pastor uno debe ser llamado por Jesús.

Y no me estoy refiriendo únicamente a los pastores principales. Esta verdad se aplica a todo aquel que ejerza funciones pastorales, particularmente el equipo de pastores de la iglesia. Pero nadie puede recibir ese llamado si no es a través de Jesús.

Jesús obviamente llama a algunos a ser pastores principales, pero no a muchos. Aún así, un buen número de los que se desempeñan como copastores aspiran a convertirse en pastores principales. Esto ocurre en algunos casos porque ven el lado atractivo de cumplir esta función. Se fijan en la atención, el mayor ingreso, el prestigio, o los beneficios. Lo que no ven tan claramente son las cargas, la presión, y las responsabilidades que conlleva este trabajo (sinceramente, las cargas pesan más que los beneficios).

Por eso es que usted solo debe buscar convertirse en pastor principal solo si está seguro de que ha sido llamado a serlo. La gracia sobrenatural y capacitadora de Dios es vertida sobre aquellos que han sido llamados por el Gran Pastor. Sin esta gracia, las consecuencias podrían ser devastadoras. Yo animo a los copastores a esforzarse en esa función vital y gratificante hasta estar completamente seguros de que han sido llamados y de que están listos para ser pastores principales.

Este mensaje tiende a levantar ciertas ampollas y herir susceptibilidades. Después de todo, esto es Estados Unidos y estamos condicionados a ver a las organizaciones como escaleras que debemos subir para llegar a la cima. En nuestra visión de las cosas, todo número dos debe aspirar a ser número uno. Pero esto es una trampa. Si su llamado no es servir como pastor principal, no aspire a serlo.

✒ Secretos para una iglesia de bendición

El verdadero pastor marca el rumbo por el que quiere que vayan sus ovejas. Lidera mediante el ejemplo.

"Sigan ustedes mi ejemplo, como yo sigo el ejemplo de Cristo" (1 Co. 11:1, DHH).

Una de las muchas cosas que yo admiro de Tom Lane—mi mano derecha—, es que él sabe para qué lo ha llamado y lo ha preparado Dios, y lo hace extraordinariamente bien. Él ha estudiado sus funciones, ha reflexionado en ellas, y ha orado por ellas. Creo que él ha llevado su papel a donde pocos lo han hecho o imaginado.

Pero nada de eso habría ocurrido si él hubiera caído en la trampa de creer que todos han sido llamados a ser pastores principales (de hecho, yo no soy el número uno en la Iglesia Gateway. El Número Uno dio su vida por mí).

Puedo asegurarle que yo no me sentiría ofendido si usted viniera y me dijera: "Pastor Robert, usted no tiene nada que buscar como director de adoración. Yo lo aprecio mucho, pero en verdad ese no es su don". En serio no tendría problema alguno con eso. Ser director de adoración realmente parece divertido, y debe ser maravilloso poder llevar a la gente a la presencia de Dios, donde pueden ser tocados por el Espíritu, transformados, y restablecidos. Pero yo estoy claro de que no tengo el don, ni innato ni espiritual, para hacerlo.

Entonces, ¿por qué la gente se ofende cuando le decimos que no puede predicar? Predicar también es un don. Muchos piensan que si se esfuerzan lo suficiente, pueden llegar a convertirse en predicadores efectivos e inspiradores. Pero no es así de sencillo.

No hay nada como encontrar uno mismo el lugar y la función a la que Dios lo ha llamado y para la cual lo ha dotado. Algunos pastores principales se esfuerzan y tambalean durante décadas. Odio tener que ser yo el que les da la mala noticia, pero tal vez no sea la resistencia del diablo lo que lo que está produciendo esa falta de resultados. Lo más probable es que ellos estén en la posición equivocada. Es casi seguro de que serían los mejores copastores del mundo. ¡Cómo me gustaría ver a todos los creyentes en el Cuerpo de Cristo encontrar las funciones que Dios los ha llamado a ocupar!

Durante los años de existencia de la Iglesia Gateway, una importante cantidad de expastores principales se han unido a nuestro equipo como copastores. Algunos de ellos han tenido terribles experiencias como pastores principales, pero llegaron a Gateway y comenzaron a florecer (en el capítulo 20 compartiré con usted cómo facilitamos este proceso a través del empoderamiento).

Con esto no estoy queriendo decir que no haya copastores que *sean* llamados a ser pastores principales. Estos son preparados y capacitados por el Señor durante sus funciones como copastores antes de asumir sus funciones definitivas. Por ejemplo: Uno de los primeros pastores que contratamos después de abrir nuestras puertas en Gateway fue un hombre muy espiritual y dotado de talentos llamado Brady Boyd. Durante los seis años que permaneció en Gateway, Brady desempeñó diversas funciones pastorales, y fue nuestro primer pastor de grupos pequeños. Superó todas las expectativas.

Con el tiempo se me hizo evidente que Brady había sido llamado a ser un pastor principal. De hecho, basado en ciertas conversaciones que tuvimos, creo que yo me di cuenta de eso antes que él. En sus dos últimos años en Gateway lo puse a predicar muchas veces en el servicio principal. En dos ocasiones en que yo estuve fuera del púlpito durante cuatro semanas consecutivas, dejé a Brady predicando durante mi ausencia, a pesar de que contábamos con otros predicadores talentosos y capacitados en el equipo.

Aunque en ese momento no se lo mencioné, el Señor me había mostrado que Brady tenía un fuerte llamado a ser un pastor principal, y yo estaba intencionalmente preparándolo y adiestrándolo.

Entonces en el año 2007, una iglesia maravillosa y muy influyente en Colorado Springs, la New Life Church, enfrentó una crisis cuando su pastor, quien era un personaje de alto perfil, fue descubierto en una grave falla de carácter moral. El pastor renunció, y la New Life Church vivió una etapa de agitación, dolor, y confusión. Finalmente, la comisión de búsqueda de la iglesia contactó a un grupo de pastores que incluía a Jimmy Evans. Este proceso dio paso a una búsqueda que terminó con la selección unánime y entusiasta de Brady como el nuevo pastor principal de la New Life Church.

Esta congregación ha florecido bajo la dirección de Brady, a pesar de las terribles pruebas que les ha tocado enfrentar. Por ejemplo, apenas unos meses después de haber asumido Brady su cargo, un joven atormentado entró con un arma al recinto de la iglesia y comenzó a disparar mientras el servicio dominical concluía. Asesinó a dos adolescentes e hirió a otras tres personas antes de ser abaleado por un guardia de seguridad. Esa noche todo el país vio a Brady a través de Fox News, CNN, y otros noticieros, frente a una miríada de micrófonos y cámaras. Se trataba de la peor crisis que cualquier pastor principal podría enfrentar imaginar y, aun así, Brady la manejó maravillosamente bien, con aplomo, y bajo la dirección del Espíritu Santo.

No alardeo al decir que vi que Brady Boyd había sido llamado a convertirse en un pastor principal, porque era algo obvio. Pero no siempre ocurre así. El secreto es estar seguros de nuestro llamado. Y ante cualquier circunstancia, llegar a las ovejas por medio de la puerta. Tratar de ascender a través de otro medio es convertirnos en ladrones destructivos.

15

El pastor ama a sus ovejas

Cualquier estudiante de la Biblia sabe acerca de los dones del Espíritu. Algunos pastores pueden diferir de opinión en cuanto a su uso y relevancia actual, pero todos pueden decir cuáles son esos dones (si desea conocer mi opinión sobre los dones del Espíritu y otros aspectos sobre la persona y la obra del Espíritu Santo, lo invito a leer mi libro *The God I Never Knew: How Real Friendship with the Holy Spirit Can Change Your Life [El Dios que no conocía: Cómo una verdadera amistad con el Espíritu Santo puede transformar su vida]*).

Pero cuando me paro frente a un grupo de pastores y les pregunto: "¿Creen ustedes en los dones de Jesús?", generalmente recibo miradas desconcertadas como respuesta. *¿Los dones de Jesús?* Sí, y Pablo habla en relación a estos dones en su Epístola a los Efesios:

> "Pero a cada uno de nosotros se nos ha dado gracia en la medida en que Cristo ha repartido los dones [...]. Él mismo constituyó a unos, apóstoles; a otros, profetas; a otros, evangelistas; y a otros, pastores y maestros, a fin de capacitar al pueblo de Dios para la obra de servicio, para edificar el cuerpo de Cristo" (Ef. 4:7, 11–12, NVI).

Los dones de Jesús para la iglesia son los dones de los ministros para ser apóstoles, profetas, evangelistas, pastores y maestros. Pero como Pablo revela aquí, todos estos ministros tienen un ministerio único que consiste en "capacitar" a otros. Ahora, este ministerio capacitador se manifiesta de diferentes maneras entre estas cinco funciones, pero todos son otorgados para producir el mismo resultado: capacitar a los santos para la obra del ministerio y edificar (o fortalecer) el Cuerpo de Cristo.

Esta revelación nos enseña cómo identificar a un verdadero pastor: siempre será un capacitador. El verdadero pastor puede y quiere preparar a otros para realizar la obra del ministerio. Lo cierto es que Jesús ama a las ovejas. Hebreos 13:20 lo llama "el gran Pastor de las ovejas". En 1 Pedro 2:25 se lo describe como el "Pastor y guardián" de las almas (LBLA). Y me encanta la ventana hacia el corazón de Jesús que nos presenta Marcos 6:34:

"Y salió Jesús y vio una gran multitud, y tuvo compasión de ellos, porque eran como ovejas que no tenían pastor; y comenzó a enseñarles muchas cosas".

Cuando el deseo de guiar a las ovejas perdidas brotó en el Hijo de Dios, ¿qué hizo Él para darle expresión a esta compasión? Las alimentó. "Y comenzó a enseñarles muchas cosas".

La vida de un verdadero pastor no es fácil. No es apta para cardíacos, y mucho menos para egoístas. De hecho, Jesús dice en Juan 10 que el llamado le costará la vida:

"Yo soy el buen pastor; y conozco mis ovejas, y las mías me conocen, así como el Padre me conoce, y yo conozco al Padre; y pongo mi vida por las ovejas" (vv. 14–15).

No hay otra alternativa. Para ser un buen pastor hay que morir continuamente al yo. Le costará su vida. Hay un pasaje oscuro pero maravilloso en Ezequiel que no solo se relaciona con esta verdad, sino que contiene una pequeña profecía muy poco conocida sobre el gran Pastor que vendrá:

"Por tanto, pastores, oíd palabra de Jehová: Vivo yo, ha dicho Jehová el Señor, que por cuanto mi rebaño fue para ser robado, y mis ovejas fueron para ser presa de todas las fieras del campo, sin pastor; ni mis pastores buscaron mis ovejas, sino que los pastores se apacentaron a sí mismos, y no apacentaron mis ovejas; por tanto, oh pastores, oíd palabra de Jehová. Así ha dicho Jehová el Señor: He aquí, yo estoy contra los pastores" (Ez. 34:7–10).

Una vez más Dios habla a través de su profeta para condenar a los falsos pastores. En este caso, la acusación contra los pastores espirituales de Judá es que "se apacentaron [alimentaron] a sí mismos, y no apacentaron mis ovejas". ¿Entiende usted ahora lo importante que es para Dios la alimentación de las ovejas? En este caso los pastores están poniendo sus propias necesidades por encima de las necesidades de las ovejas. Dios ve esto con muy malos ojos. "He aquí, yo estoy contra los pastores".

Pero el pasaje no termina ahí. Apenas unos versículos más adelante, Ezequiel escribe:

> "Esto dice el Señor Soberano: yo mismo saldré a buscar a mis ovejas y las encontraré. Seré como un pastor que busca al rebaño esparcido. Encontraré a mis ovejas y las rescataré de todos los lugares por donde quedaron esparcidas ese día oscuro y nublado" (vv. 11–12, NTV).

Tenemos aquí una profecía mesiánica sobre la venida de Jesús, quien regresa "como un pastor que busca al rebaño esparcido". Fíjese que la profecía habla de la dispersión de las ovejas y del día "oscuro y nublado" en el que ocurre su liberación.

Secretos para una iglesia de bendición

He aquí una manera precisa de identificar a un verdadero pastor: el verdadero pastor es un capacitador. Puede y quiere preparar a otros para realizar la obra del ministerio.

"A fin de capacitar al pueblo de Dios para la obra de servicio, para edificar el cuerpo de Cristo" (Ef. 4:12, NVI).

¿Recuerda algún día sombrío en la vida de Jesús en el que el cielo se puso gris y el sol se oscureció? Me estoy refiriendo obviamente al día de la crucifixión, en el que el gran Pastor se convirtió en el Cordero sin mancha sacrificado por los pecados del mundo (ver Lc. 23:45).

Así es el corazón del gran Pastor, y la responsabilidad más maravillosa que tenemos los pastores es pastorear sus ovejas.

16

Su primer y más importante ministerio

ESTE PUDO HABER SIDO FÁCILMENTE EL PRIMER CAPÍTULO DE ESTA sección en vez del último. No es particularmente menos importante que los otros que lo preceden. De hecho, describe la responsabilidad administrativa más importante que puede tener cualquier pastor que esté casado. Me estoy refiriendo por supuesto al papel de ser esposo y padre.

Moisés, el gran pastor de Israel que liberó a una inmensa multitud del pueblo de Dios de la esclavitud y los guió hacia la tierra prometida, es una de las figuras más relevantes de la Biblia. Se trata de un personaje destacadísimo en el maravilloso plan de Dios que estaba en marcha y que culminó con el nacimiento, muerte, y resurrección de Jesucristo. Sin embargo, en lo que se refiere a su papel como esposo y padre, su ejemplo dejó mucho que desear.

El libro de Éxodo nos proporciona una amplia evidencia de esto. En el capítulo 4, por ejemplo, encontramos a Moisés de regreso a Egipto después de haber trabajado cuarenta años con su suegro Jetro como pastor. Moisés se había encontrado con el Señor en la zarza ardiente, había recibido instrucciones para actuar como el libertador del pueblo de Dios, y había visto el encargo de usar su vara de pastor como un instrumento del poder de Dios (ver Éx. 3).

Cuando Moisés, su esposa Séfora, y sus dos hijos regresaban a Egipto, ocurrió un incidente muy extraño:

> "Y aconteció en el camino, que en una posada Jehová le salió
> al encuentro, y quiso matarlo. Entonces Séfora tomó un
> pedernal afilado y cortó el prepucio de su hijo, y lo echó

a sus pies, diciendo: A la verdad tú me eres un esposo de sangre. Así le dejó luego ir. Y ella dijo: Esposo de sangre, a causa de la circuncisión" (Éx. 4:24–26).

Moisés es el autor de los primeros cinco libros de la Biblia, incluyendo este pasaje de Éxodo; así que aquí está narrando algo que experimentó personalmente. Sin embargo, no hace ningún comentario adicional, sino que se limita a contar lo sucedido. Básicamente dice: "Dios vino con la intención de matarme, entonces mi esposa circuncidó a mi hijo con una piedra afilada, me gritó, y me lanzó la piel del prepucio. Entonces [...] por todo este asunto de la circuncisión. Al día siguiente [...]".

Solo podemos imaginar cuán desconcertante debe haber sido tener al Dios del universo paseándose en el campamento de Moisés con la intención de matarlo. Yo creo que si eso me pasara a mí yo también trataría de contar el episodio lo más rápido posible.

Secretos para una iglesia de bendición

> Los pastores no podemos sacrificar nuestras familias en el altar del ministerio. Primeramente debemos ser buenos esposos y padres. No hay otra manera en que podamos ser líderes de bendición.

> "Pues, si un hombre no puede dirigir a los de su propia casa, ¿cómo podrá cuidar de la iglesia de Dios?" (Ef. 4:12, NTV).

¿Por qué Moisés perdió el favor de Dios? Moisés estaba llevando a cabo una tarea divina para los israelitas que incluía el mandato de restituir la señal del pacto de la circuncisión en el pueblo. Sin embargo, aún sabiendo esto, los propios hijos de Moisés continuaban sin ser circuncidados. En otras palabras, estaba a punto de comenzar a predicar algo que él no estaba practicando en su propia familia.

Séfora no entendía el significado y la importancia de la circuncisión como señal del pacto. Ella no la había puesto en práctica por el simple hecho de que Moisés no se lo había explicado. O al menos no se lo había explicado bien (¡El que una esposa comience a arrojarle prepucios sangrientos a su marido denota sin lugar a dudas una grandísima falta de comunicación!).

Moisés no había tomado tiempo para explicarle a su propia familia las cosas de Dios. Pero yo no soy quien para apedrearlo. Recuerdo una noche tranquila durante los primeros años de mi matrimonio en la que Debbie me dijo:

—Robert, ¿puedes hacer algo por mí?

—¡Claro, mi amor!—fue mi respuesta—. ¿Qué necesitas?

—Bueno, hasta donde yo sé, tú has escuchado la voz de Dios claramente. Sé que estás ocupado pero, si tienes tiempo, ¿crees que podrías enseñarme a escuchar a Dios como tú lo haces?

Al principio me quedé sorprendido. Desde que nos conocimos como adolescentes, Debbie ha sido una de las personas más espirituales y consagradas que conozco. Yo siempre había pensado que ella escuchaba la voz de Dios con la misma claridad y detalle que yo. Rápidamente mi sorpresa dio paso a una profunda reflexión.

Perdóname Señor, pensé. *Yo he viajado durante años por todo el país enseñando a otros a escuchar la voz de Dios. He dado seminarios y clases en universidades en relación a esto. ¡Pero ahora me doy cuenta de que no he dedicado tiempo a ministrarle esta verdad maravillosa y transformadora a mi propia esposa!*

Moisés cometió el mismo error. Después de la discusión por lo de la circuncisión, envió a su esposa y sus hijos a que se quedaran con su padre (ver Éx. 18:1–6). Ellos no acompañaron a Moisés de regreso a Egipto. Piense en esto: la esposa y los hijos de Moisés se perdieron uno de los acontecimientos, milagros y maravillas que ojos humanos jamás podrían presenciar.

Se perdieron las plagas que pusieron al poderoso imperio egipcio de rodillas. Se perdieron la significativa noche de la Pascua, en la que el ángel de la muerte pasó de largo por cada hogar israelita que tenía la sangre del cordero rociada sobre los dinteles de sus puertas. Este acontecimiento presagió proféticamente otra noche de Pascua que ocurriría tres mil quinientos años en el futuro, cuando la sangre derramada del Cordero rompería para siempre las cadenas de la muerte para todo aquel que creyera en Él. Se perdieron la gloriosa y jubilosa salida de los israelitas de Egipto, llevando consigo el oro de sus captores como compensación por los cuatrocientos años de trabajo forzado que sufrieron en esa nación. Se perdieron el espectáculo del ver abrirse el mar Rojo para que pasara el pueblo de Dios, y luego cerrarse para tragarse al ejército egipcio. Se perdieron presenciar la columna de fuego y la nube que guiaron a los israelitas.

Cuando llegó el momento para que los israelitas finalmente tomaran posesión de la Tierra Prometida, los dos hijos de Moisés no estuvieron allí con Josué y Caleb logrando victorias y tomando ciudades.

¡Qué triste! La familia de Moisés no lo acompañó durante su ministerio. Algo similar puede estar ocurriendo hoy con los pastores. No es inusual que la esposa de un pastor esté sentada en la primera banca de la iglesia mientras su esposo predica, pero que realmente no esté con él en el ministerio. Yo he visto a hijos de evangelistas crecer con sus padres en el ministerio, viéndolo ganar miles de almas para Cristo, y sin embargo quedarse afuera de la tierra prometida.

Moisés fue un líder talentoso y exitoso por la gracia de Dios, tal vez uno de los más grandes que el mundo ha conocido, pero falló en su papel de liderazgo más importante: sacrificó a su familia por el ministerio. ¡Esa no es la voluntad de Dios, pero sigue ocurriendo vez tras vez!

Yo mismo estuve peligrosamente cerca de perder a mi propia familia. En mi caso ocurrió cuando mi ministerio apenas estaba comenzando. Como lo he repetido en numerosas ocasiones delante de mi congregación, de joven fui un tipo muy dado a la inmoralidad, a pesar de que tenía unos padres maravillosos y consagrados a Dios que hicieron lo posible por criarme debidamente. Yo me rebelé en contra de muchas de las cosas que ellos y la iglesia enseñaban, y me expuse a una gran cantidad de peligros que incluyeron alcohol, obscenidad, abuso de drogas, y promiscuidad sexual.

Cuando apenas tenía dieciséis años, a pesar de mi patrón de autodestrucción y del hecho de que estaba perdido y condenado al infierno, una dulce chica de Dios llamada Debbie vio algo en mí.

Unos años después, por razones que aún hoy no comprendo, ella estuvo de acuerdo en casarme conmigo. Y aún más inexplicablemente, sus padres se lo permitieron.

Por esos mismos días un evangelista itinerante también vio algo en mí y me contrató para que lo ayudara durante sus campañas. A pesar de que estaba perdido en ese momento, tenía una esposa de fe que oraba por mí, y cada día estaba expuesto al mensaje del evangelio. El cielo andaba pisándome los talones, así que mis días de andar huyendo de Dios estaban por terminar.

Una noche, estando yo en un pequeño motel de carretera de nombre Jake's Motel, me arrodillé junto a la cama, entregué mi vida a Dios, y fui salvado de manera inmediata y maravillosa. Con toda sinceridad puedo decir que desde ese día en adelante nada fue igual en mi vida. Sin embargo, he aprendido con el paso de los años que experimentar el perdón y vivir con completa libertad son dos cosas diferentas en la vida cristiana. El perdón fue inmediato, pero debido al tipo de vida que llevaba continué arrastrando una serie de hábitos físicos y mentales. Yo no sabía nada entonces sobre la manera en que nuestro derecho de nacimiento en Jesús nos permite liberarnos de los reductos del diablo. De hecho, comencé a trabajar en el ministerio a tiempo completo casi inmediatamente después de mi salvación. Apenas me había levantado de mis rodillas y ya estaba predicando en series de avivamiento juveniles, y experimentando un éxito importante y creciente. Pero el apóstol Pablo no se equivoca al advertir sobre el peligro de poner creyentes jóvenes en la palestra. Al cabo de pocos meses, tuve una caída moral catastrófica. Para ser específico, cometí un lamentable incumplimiento de mis votos matrimoniales.

Después de haber sido descubierto fui confrontado por un pastor, le confesé a mi devastada esposa lo que había hecho y me sometí a los ancianos de la iglesia donde asistía. Me aparté del ministerio durante un buen tiempo para recibir consejería, liberación, y restauración. Mi prioridad no era salvar mi ministerio, sino salvar mi joven matrimonio. Tengo el extraordinario privilegio de poder decir ahora que por la gracia de Dios y la tenacidad de mi valiosa esposa, ambos fuimos sanados y restaurados más allá de lo que pudiéramos haber imaginado.

Desde ese proceso de restauración he vivido veinticinco extraordinarios años de fidelidad y dicha con la esposa de mi juventud. Juntos hemos criado a tres hijos que aman a Jesús y sirven de diferentes maneras en el ministerio.

Al mirar atrás, me doy cuenta de que solo era un niño cuando le abrí la puerta al destructor. No puedo dejar de agradecer a Dios por haber intervenido para que el enemigo no pudiera arruinar mi asignación ministerial más importante, que es mi familia, incluso desde antes de comenzar.

Los pastores no podemos sacrificar nuestras familias en el altar del ministerio. Primeramente debemos ser buenos esposos y padres. No hay otra manera en que podamos ser líderes de bendición.

CUARTA PARTE

Líderes de bendición

17

¿Quién es el ministro?

¿QUIÉNES SON LOS MINISTROS DE SU IGLESIA? PÍDALES A LOS creyentes sentado en la banca de la iglesia que identifiquen al ministro, y noventa y nueve de cada cien señalarán al pastor. Hágale la misma pregunta al pastor y lo más seguro es que también se señale a sí mismo. El problema aquí es este: Yo no creo que esa era la intención de Dios para las iglesias.

Podríamos decir que hoy en día hay dos formas de gerenciar una iglesia: la manera tradicional y la manera bíblica.

En el modelo tradicional, la obra de ministrar recae sobre los "profesionales". En este paradigma, la gente "común" (los laicos) asisten a la iglesia para que el pastor les ministre, y si la iglesia es lo suficientemente grande, habrá otros "profesionales" en el equipo que ayudarán con esto. El fin de semana, los laicos vienen a que se les ministre desde el púlpito. Y si necesitan oración, ánimo, apoyo espiritual, o cualquier otra cosa durante el fin de semana, se espera que el pastor atienda esas necesidades. Esta es la causa principal por la que los pastores se desgastan, como lo veremos en el siguiente capítulo.

¿En qué se diferencia entonces el modelo bíblico? Estoy convencido de que Dios desea que los que están sentados en las bancas (o en las sillas, según sea el caso) de la iglesia, también sean ministros. Para ser exactos, que sean ministros para el mundo. Y el trabajo del pastor es capacitarlos para el ministerio. En otras palabras, el pastor, junto con otros miembros del equipo de la iglesia, son los capacitadores.

Pero pocas iglesias operan de esa manera. Para validar ese punto de vista, permítame volver a Moisés y expandir un poco el tema planteado en el capítulo anterior.

Regresando al libro de Éxodo, encontramos a Moisés operando bajo el modelo tradicional, es decir, el de un hombre tratando de ministrar y satisfacer las necesidades de una congregación grande. Jetro, el suegro de Moisés, está allí observando todo lo que ocurre:

> "Aconteció que al día siguiente se sentó Moisés a juzgar al pueblo; y el pueblo estuvo delante de Moisés desde la mañana hasta la tarde. Viendo el suegro de Moisés todo lo que él hacía con el pueblo, dijo: ¿Qué es esto que haces tú con el pueblo? ¿Por qué te sientas tú solo, y todo el pueblo está delante de ti desde la mañana hasta la tarde? Y Moisés respondió a su suegro: Porque el pueblo viene a mí para consultar a Dios. Cuando tienen asuntos, vienen a mí; y yo juzgo entre el uno y el otro, y declaro las ordenanzas de Dios y sus leyes" (Éx. 18:13–16).

Como usted recordará, Jetro era un granjero exitoso en Madián (ver Éx. 3:1). Él llevaba a cabo operaciones en las que manejaba grandes cantidades de ovejas, cabras, y otra clase de ganado. En otras palabras, sabía de pastoreo. Él entendía que una vez que el rebaño alcanza cierto tamaño, si uno no aprende a delegar está destinado al fracaso. De hecho, Jetro originalmente contrató a Moisés como ayudante de pastor cuando Moisés llegó de Egipto.

Un día, mientras Moisés y los israelitas acampaban en el desierto, Jetro vino a visitarlo. Jetro se puso a observar el método que Moisés usaba para pastorear, diagnosticó una falla, y dio una prescripción:

> "Entonces el suegro de Moisés le dijo: No está bien lo que haces. Desfallecerás del todo, tú, y también este pueblo que está contigo; porque el trabajo es demasiado pesado para ti; no podrás hacerlo tú solo. Oye ahora mi voz; yo te aconsejaré, y Dios estará contigo. Está tú por el pueblo delante de Dios, y somete tú los asuntos a Dios. Y enseña a ellos las ordenanzas y las leyes, y muéstrales el camino por donde deben andar, y lo que han de hacer. Además escoge tú de entre todo el pueblo varones de virtud, temerosos de Dios, varones de verdad, que aborrezcan la avaricia; y

ponlos sobre el pueblo por jefes de millares, de centenas, de cincuenta y de diez. Ellos juzgarán al pueblo en todo tiempo; y todo asunto grave lo traerán a ti, y ellos juzgarán todo asunto pequeño. Así aliviarás la carga de sobre ti, y la llevarán ellos contigo. Si esto hicieres, y Dios te lo mandare, tú podrás sostenerte, y también todo este pueblo irá en paz a su lugar" (Éx. 18:17–23).

Con una discreción magistral, Jetro observó un modelo de liderazgo tan disfuncional que estaba llevando a Moisés a orar por Dios para que lo matara y le dijo "no está bien".

Le explicó que este modelo de ministerio no solo agotaría a Moisés, sino también al pueblo. "Desfallecerás del todo, tú, y también este pueblo" (v. 17). Yo he visto este síndrome activo en muchas iglesias.

Los pastores se agotan por razones obvias. No hay manera de que un solo pastor pueda atender las necesidades de todos los miembros. Pero también cansa a los miembros de la iglesia, pues ellos esperan cosas que él no podrá darles. Este es un modelo de ministerio fallido, pero ha sido el modelo predominante durante siglos.

Antes de la Reforma, teníamos sacerdotes que mantenían la Palabra de Dios únicamente para ellos, y una membresía generalmente analfabeta que dependía del clero para poder entender la voluntad y los caminos de Dios. La idea de que el laicado se involucrara en el ministerio era simplemente impensable. Habría sido una herejía.

La Reforma erosionó esta distinción, pero no la eliminó. El paradigma dominante continuó siendo que el clero sería el encargado de ministrar y el papel de los congregados sería recibir.

El siglo XX trajo una nueva ola de entendimiento en relación a los dones que Dios pone en su pueblo con el propósito de bendecir a otros y demostrar el poder del evangelio.

A pesar de ello, la Iglesia está hoy demasiado enfocada hacia adentro, y esta no es ni ha sido jamás la intención de Dios. Jesús no vivió ensimismado cuando estuvo aquí en la tierra. Nosotros, que somos su Cuerpo, tampoco podemos estarlo si queremos mostrarlo tal como Él es a los perdidos y al mundo agonizante. Es maravilloso que los laicos participan hoy en día en el ministerio, pero en muchos casos su ministerio está dirigido hacia otros creyentes y se desarrolla adentro de las cuatro paredes de la iglesia. La expresión completa del plan de Dios para el pueblo del Nuevo Pacto es que cada creyente exprese poderosamente la plenitud de los dones del Espíritu en el hogar, en el mercado, en su lugar de trabajo, y en la calle, de manera que los perdidos puedan ser alcanzados y tocados.

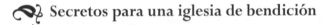 Secretos para una iglesia de bendición

> la Iglesia está hoy demasiado enfocada hacia adentro, y esta no es ni ha sido jamás la intención de Dios. Jesús no vivió ensimismado cuando estuvo aquí en la tierra. Nosotros, que somos su Cuerpo, tampoco podemos estarlo si queremos mostrarlo tal como Él es a los perdidos y al mundo agonizante.
>
> > "Y él mismo constituyó a unos, apóstoles; a otros, profetas; a otros, evangelistas; a otros, pastores y maestros, a fin de perfeccionar a los santos para la obra del ministerio, para la edificación del cuerpo de Cristo" (Ef. 4:11–12).

Dios llama a cada creyente a ser un ministro. Pablo dijo que todos hemos sido llamados a ser "ministros competentes" del Nuevo Pacto (2 Co. 3:6).

Dios ha depositado dones en cada miembro de su congregación. La mayor plenitud y alegría que puede experimentar el creyente se encuentra solo uso en el uso que haga de esos dones para el avance de los propósitos de Dios, tanto en él como en el mundo. Un creyente no puede estar verdaderamente feliz o en paz mientras permanezca centrado en sí mismo, en sus propias necesidades, deseos y sufrimientos. Solo cuando mire hacia afuera y se encargue de ministrar a los demás podrá experimentar una satisfacción verdadera y un sentido de propósito. Como pastores, estamos haciendo un tremendo daño si permitimos que los miembros continúen viéndose a sí mismos como los *receptores* del ministerio en vez de verse como los encargados de *ministrar*.

18

Descripción de las tres partes del trabajo del pastor

Considere los siguientes datos: Según el Grupo Barna, el sesenta por ciento de las iglesias protestantes en Estados Unidos tienen menos de cien miembros, y el noventa y ocho por ciento tienen menos de mil. En otras palabras, las iglesias pequeñas son la norma, y no la excepción. Al mismo tiempo, nos hemos ido convirtiendo en un país urbano. Esto significa que nuestra población está cada vez más concentrada en grandes ciudades y que menos gente vive en pueblos pequeños. De hecho, en el año 2010 el ochenta y dos por ciento de los estadounidenses vivían en áreas urbanas o suburbanas según el *CIA's World Factbook* [Libro Mundial de Hechos de la CIA].

Menciono esto porque estos números revelan algo sobre la falla que han tenido nuestras iglesias en alcanzar a las comunidades de manera efectiva. Claramente no todas las iglesias pueden llegar a tener decenas de miles de miembros. Si una iglesia ubicada en una comunidad de tres mil habitantes alcanza una membresía de trescientas personas, esa iglesia le ha llegado y (esperamos que haya) discipulado al diez por ciento de su campo. La Iglesia Gateway está ubicada en el extremo norte del "Metroplex" de Dallas y Fort Worth, un área en la que viven más de seis millones setecientas mil personas. Si estuviéramos discipulando al diez por ciento de ese campo, tendríamos una membresía de seiscientos setenta mil personas. ¡Para llegar a esa cantidad nos toca recorrer un buen camino actualmente!

No obstante, yo creo que hay un motivo por el que el promedio del tamaño de las iglesias en este cada vez más urbanizado país sea menor de doscientos miembros: La gran mayoría de los pastores y de las congregaciones aún están operando bajo el antiguo paradigma de que el pastor es el encargado de todo. Dicho de otra manera: seguimos manejando a las iglesias como Moisés dirigió la primera iglesia de los israelitas, cuando se sintió tan ahogado que le pidió a Dios que lo matara.

En otras palabras: Si yo como pastor soy el único que tiene el trabajo de casar, sepultar, aconsejar, visitar a los enfermos, animar a los que están en los ancianatos o en una cama en sus casas, evangelizar, orar por los perdidos y los oprimidos, y exhortar a los desanimados, pronto voy a estar cansado, desanimado y afectado. Y, ¿adivine qué? Muchos pastores están cansados, desanimados y afectados.

¿Cuál *es* entonces su trabajo como pastor? Regresemos a Moisés y a su sabio consejero Jetro por luz espiritual que nos dé la respuesta. Ellos nos enseñan tres tareas fundamentales para que las funciones del pastor sean efectivas y equilibradas.

1. ORE

Jetro se horrorizó con la manera en que Moisés estaba pastoreando su enorme rebaño. ¿Cuán grande era el rebaño? Los eruditos más conservadores de la Biblia calculan que el pueblo israelita que participó en el éxodo estaba compuesto de un millón seiscientos mil a tres millones de individuos. Supongamos que eran dos millones de personas las que había en el campamento. ¡Esa es una iglesia grande!

Por otra parte, la Biblia nos dice que cuando los israelitas atravesaron milagrosamente el mar Rojo para salir de Egipto, esto fue un tipo y precursor del bautismo. Es decir, ¡Moisés pudo haberse presentado en una conferencia de pastores y presumir de que su iglesia bautizó a dos millones de personas el año anterior! Dirigir una iglesia de dos millones de miembros pudo haber sido bueno para su reputación en la sede denominacional, pero fue malísimo para su familia, para su salud, y para los miembros.

Como vimos, en cada ocasión Jetro observaba la descripción del trabajo que Moisés había impuesto sobre sí mismo y decía que era una locura. Entonces, el viejo pastor procedía a aconsejar sabiamente a su yerno. Sus palabras siguen siendo sanos consejos para los pastores de hoy. Primero, Jetro dijo: "Oye ahora mi voz; yo te aconsejaré, y Dios estará contigo. *Está tú por el pueblo delante de Dios*, y somete tú los asuntos a Dios" (Éx. 18:19).

La primera corrección que Moisés recibió en cuanto la descripción de su trabajo fue básicamente esta: *representa al pueblo ante Dios*. En nuestro idioma tenemos una palabra específica para esta actividad: intercesión. Jetro le aconsejó a Moisés que dejara de invertir su tiempo (literalmente desde la salida hasta la puesta del sol) tratando de solucionar los problemas de la gente. ¡Lo que tenía que hacer era llevar los problemas del pueblo a Dios en oración!

Fíjese también que el consejo no era que estuviera delante del pueblo por Dios, que es de hecho lo que muchos pastores creen que es su función principal. Creen que la primera prioridad de su trabajo es representar a Dios delante del pueblo, cuando en realidad la cosa más importante que un pastor puede hacer es representar al pueblo delante de Dios.

Como para que no quedara duda alguna en la mente de Moisés, Jetro le dice que el propósito de que él se presente delante de Dios a favor de la congregación es someter "los asuntos [del pueblo] a Dios".

Por cierto, que esto orar en su forma más básica y cruda. Orar es llevar nuestras necesidades, cargas, y dificultades a Dios, y dejárselas a Él (si usted no se las deja a Él, entonces usted realmente no ha orado, sino que ha ido es a quejarse delante de Dios). De igual manera, la intercesión es el acto de llevar las necesidades, cargas, y dificultades de otros a Dios, y dejárselas a Él.

Dedicar tiempo en la presencia de Dios es el primer elemento y el más importante en la descripción del trabajo del pastor. Pero con mucha tristeza debo admitir que esta es muchas veces la última cosa que muchos pastores hacen. Los pastores tienen una de las vidas de oración más exiguas que he visto, pero muchas veces ellos no tienen la culpa de eso. Se supone que deben participar en todos los aspectos de la vida ministerial de la iglesia: asistir a cada reunión, visitar cada familia, resolver todo problema, y satisfacer cada necesidad.

Piense en esto. ¿Cómo reaccionarían muchas juntas de diáconos, comités de supervisión, y jefes autoproclamados de la iglesia si el pastor pasara la mitad del día solo en su oficina con el teléfono apagado?

Basan sus expectativas en el paradigma tradicional de las funciones del pastor. Este presupone que el pastor debe reunirse con todas las personas que expresan un interés en reunirse con él, ¡pero como resultado, la última persona con la que termina reuniéndose el pastor es con Dios!

En mi propia vida y ministerio he tenido que esforzarme para poder cambiar esta concepción de las cosas. Pero hay que luchar para lograrlo. A veces lucho contra mi propia alma porque realmente amo a la gente y quiero ayudarla; además de que quiero que estén contentos conmigo. Por eso me toca apartar tiempo para Dios en mi agenda como una prioridad sagrada. Constantemente trato de recordar y recordarles a los que me rodean que la manera más efectiva y poderosa en la que puedo ayudar a los miembros de la iglesia es presentándome delante de Dios a su favor. Si usted pudiera ver mi agenda electrónica, inmediatamente se daría cuenta de que en mi semana de trabajo de cincuenta horas, el estudio y la oración ocupan más horas que cualquier otra actividad. Tiene que ser así. Por eso es que usted no me va a ver acordando reuniones con todo el que quiera hablar conmigo. Cortésmente y con mucho tacto los remito a otro miembro del equipo pastoral. No estoy siendo elitista o pretencioso, ni mucho menos holgazán. Simplemente me he dado cuenta de que las veces en que he permitido que las exigencias diarias de la gente o del ministerio erosionen mi tiempo con Dios, comienzo a alejarme de la fuente que puede producir la mayor influencia positiva en ambos.

¿Qué forma adoptan mis momentos de oración? Rutinariamente oro por los ancianos de la iglesia. Oro por el equipo y por sus familias. Oro por los niños, por los matrimonios de nuestra congregación, por la salud financiera de las familias, por cada persona conectada con la iglesia, y por cualquier otra cosa el Espíritu Santo ponga en mi mente.

A menudo veo en oración los rostros de miembros de la congregación. A veces asocio el rostro que veo con su nombre, y otras veces no. Pero lo tomo como una señal para elevar a esa persona al Señor. De vez en cuando tomo una impresión de la lista de los miembros de la iglesia y nombro a diversas familias según el Señor me las vaya señalando.

Digo en voz alta: "Señor, fortalece este matrimonio. Prospera esta familia. Revélate a ellos con gracia y poder. ¡Bendícelos!".

Cuando hago esto, estoy cumpliendo a cabalidad mi función principal como pastor principal, que no consiste en representar a Dios ante la gente, sino en representar a la gente ante Dios.

Secretos para una iglesia de bendición

> No estoy siendo elitista o pretencioso, ni mucho menos holgazán. Simplemente me he dado cuenta de que las veces en que he permitido que las exigencias diarias de la gente o del ministerio erosionen mi tiempo con Dios, comienzo a alejarme de la fuente que puede producir la mayor influencia positiva en ambos.
>
> "Así que, lejos sea de mí que peque yo contra Jehová cesando de rogar por vosotros; antes os instruiré en el camino bueno y recto" (1 S. 12:23).

2. ENSEÑE LA PALABRA

Orar por los demás es solo el primer elemento de la obra pastoral de tres frentes que Jetro le recomendó realizar Moisés. Encontramos el segundo en Éxodo 18:20: "Y enseña a ellos las ordenanzas y las leyes, y muéstrales el camino por donde deben andar, y lo que han de hacer".

Como les he dicho a cientos de pastores durante los últimos diez años: Nunca deja de impresionarme enterarme del poco tiempo que muchos de ellos dedican a preparar las enseñanzas de la Palabra de Dios.

En la mayoría de los casos no es su culpa. Repito: La culpa es del modelo de iglesia puesto en práctica (y el paradigma que eso produce). La congregación lo que espera es: "Tráigannos pan fresco transformador y carne cada fin de semana, pero también permanezca toda la semana en la oficina atendiendo llamadas, reuniéndose, y administrando cada aspecto de la iglesia". Estas son expectativas imposibles e incompatibles.

Recuerdo una conversación que tuve con un pastor que se sentía frustrado por la falta de crecimiento de su iglesia, y la falta de madurez de sus miembros. Después de expresarme su frustración, le pregunté cómo preparaba sus sermones. Me dijo que solía preparar sus sermones los sábados en la noche durante un par de horas. Después de leer la expresión de asombro de mi rostro, añadió: "Es el único tiempo disponible que tengo".

Yo he aprendido que una parte fundamental de mi función como pastor es dedicar una buena parte de mi tiempo de trabajo cada semana a estudiar y prepararme para comunicar la Palabra el fin de semana, de manera que la gente pueda estar capacitada para el ministerio (¡Recuerde que debemos alimentar a las ovejas!). Aparte de representar al pueblo delante de Dios en oración, no hay otra prioridad mayor que esta. Y no hay otra actividad que pueda llevar a cabo que lleve tanto fruto en el ministerio. Es vital.

Miremos de nuevo las instrucciones que Jetro le dio a Moisés. Lo anima a enseñarle al pueblo las ordenanzas y las leyes, y mostrarles "el camino por donde deben andar, y lo que han de hacer".

Jetro nombra específicamente dos aspectos fundamentales hacia los cuales Moisés debía dirigir su ministerio de predicación:

1. La manera en que deben proceder (el carácter).
2. La obra que deben llevar a cabo (el ministerio).

¡Qué mapa extraordinario para predicar y enseñar equilibradamente! Nos ofrece *la manera*, y *la obra*.

Si solo doy sermones que tratan sobre el carácter, la vida interna de los creyentes y su comportamiento, estoy excluyendo una parte de la ecuación. De vez en cuando también debo predicar y enseñar la verdad de lo que los creyentes se supone que deberíamos estar haciendo en el mundo. Después de todo, como ya vimos, la descripción del trabajo del pastor es *capacitar a la gente para el ministerio*.

Hace unos años asistí a un retiro en el dediqué un tiempo a evaluar mis predicaciones a la luz de esta revelación. Yo tenía claro que hasta ese momento la gran mayoría de mis mensajes podían clasificarse como sermones sobre "la manera en que debemos proceder". Le pedí al Señor que me mostrara si le había causado un daño a mi congregación. Dios me dio la seguridad de que no había sido así. *Asegúrate de que las personas sepan cómo deben actuar antes de disponerse a llevar a cabo su obra.* Pero también me dijo que el motivo por el cual me estaba llamando la atención sobre esta verdad era porque necesitaba equilibrar mi predicación.

Regresé del retiro con un mandato del Señor que inmediatamente comuniqué al resto del equipo. Les dije: *"Debemos* capacitar a todos los miembros para el ministerio. Ellos necesitan saber cuáles son sus dones y cómo deben usarlos, no solo dentro de la iglesia, sino también afuera en un mundo perdido y hambriento espiritualmente. En esto es que debemos enfocarnos este próximo año".

Este tipo de predicación equilibrada representa el segundo elemento de la prescripción de tres partes de Jetro para el trabajo de pastoreo disfuncional de Moisés. Veamos la tercera.

3. FORMAR LÍDERES

Luego de aconsejar a Moisés a que se dedicara a orar y a ministrar Jetro añadió lo siguiente:

> "Además escoge tú de entre todo el pueblo varones de virtud, temerosos de Dios, varones de verdad, que aborrezcan la avaricia; y ponlos sobre el pueblo por jefes de millares, de centenas, de cincuenta y de diez" (Éx. 18:21).

Parafraseando a Jetro, el tercer elemento en la descripción de su trabajo era formar líderes. Le hago ahora una pregunta bíblica: ¿No hay un incidente del Nuevo Testamento que se compara a este acontecimiento en la vida de Moisés? ¿No hay acaso un episodio en el libro de hechos en el que se recalcan las mismas tres actividades? Observe este pasaje:

"En aquellos días, como creciera el número de los
discípulos, hubo murmuración de los griegos contra los
hebreos, de que las viudas de aquéllos eran desatendidas
en la distribución diaria. Entonces los doce convocaron a
la multitud de los discípulos, y dijeron: No es justo que
nosotros dejemos la palabra de Dios, para servir a las
mesas. Buscad, pues, hermanos, de entre vosotros a siete
varones de buen testimonio, llenos del Espíritu Santo y de
sabiduría, a quienes encarguemos de este trabajo. Y nosotros
persistiremos en la oración y en el ministerio de la palabra"
(Hch. 6:1–4).

Aquí no tenemos a uno, sino un grupo de pastores agobiados y a
punto de agotamiento. Esta vez los doce apóstoles estaban abrumados
por el desafío de manejar toda la logística y las necesidades de un
ministerio que estaba teniendo un crecimiento explosivo. La nueva
iglesia fundada por el Cristo resucitado estaba creciendo tan rápido,
que las labores administrativas, como el cuidado a las viudas acogidas
por la primera iglesia cristiana, estaban siendo descuidadas.

Fíjese cómo reaccionaron los apóstoles después de haber recibido
la queja: "Nosotros no vamos a participar directamente en la
administración del programa *Meals on Chariot Wheels* (entrega de
alimentos en carros) porque es más conveniente para todos que nos
dediquemos a orar y a ministrar la Palabra. ¡Pero nos vamos a asegurar
que se haga!".

Hoy en día esta respuesta de los apóstoles horrorizaría y sería
criticada por algunos. Casi puedo escucharlos decir: "¡Elitistas!".
"¡Insensibles!". "¡Distantes!". "¡Inalcanzables!". Sin embargo, los
apóstoles entendían algo que muchos cristianos y sus pastores hoy no
entienden; concretamente, que la responsabilidad más grande y crucial
del pastor es dedicarse a la Palabra y la oración. En aras del bienestar
físico, emocional, y espiritual de todos los miembros, el pastor debe
resistirse a las demandas a involucrarse en todos los aspectos de la
administración y el ministerio, y dedicar una gran parte de su tiempo
a Dios y su Palabra.

Si como pastores principales servir mesas nos priva de dedicar tiempo suficiente en la presencia del Señor, entonces tenemos que descartar servir las mesas. A pesar de ello, muchos pastores cuentan hoy con poquísimo tiempo, o no tienen tiempo alguno para una amplia comunión con Dios, y se ven obligados a reciclar sermones o a armarlos a la carrera, precisamente porque dedican la mayoría de su tiempo y energías a servir mesas.

Cuando los apóstoles enfrentaron ese dilema, El Espíritu Santo los llevó a encontrar una solución efectiva: formaron líderes. Ese fue el nacimiento de los diáconos.

Al igual que Jetro y Moisés, los apóstoles se dieron cuenta de que el secreto para poder dedicarse a las dos primeras partes de la descripción del trabajo del pastor (oración y estudio, y preparación de sermones) radicaba en la tercera parte: identificar, adiestrar, y capacitar líderes en los cuales poder delegar el trabajo de administrar y ministrar.

Como habrá notado, este tercer elemento de la descripción del trabajo también lo he dividido en tres partes, y no por casualidad. El hecho es que, su capacidad para crecer tanto en tamaño como en influencia funcionará o fracasará según el éxito que usted tenga en estos aspectos:

1. Identificar y atraer de manera eficaz a líderes excepcionales que se unan a usted en la obra.
2. Educar y adiestrar adecuadamente a esos líderes, y ubicarlos en los lugares precisos.
3. Capacitar a esos líderes, encontrando el balance ideal entre responsabilidad y capacidades, evitando al mismo tiempo el error común de la supervisión excesiva.

Analizaremos algunos detalles en relación a estos pasos en los siguientes capítulos.

19

La oración del pastor agotado

Como vimos, la prescripción de tres partes de Jetro para Moisés—un pastor al borde del agotamiento—, consistía básicamente en orar, permanecer en la Palabra, y duplicarse mediante la formación de líderes en quienes delegaría responsabilidades.

Como buen consultor, Jetro no le dio un consejo general, le pasó una factura, y se fue. No. Jetro le dio a Moisés pasos específicos y ejecutables. Le dijo: "Además escoge tú de entre todo el pueblo varones de virtud, temerosos de Dios, varones de verdad, que aborrezcan la avaricia; y ponlos sobre el pueblo por jefes de millares, de centenas, de cincuenta y de diez" (Éx. 18:21).

Permítame hacer dos observaciones rápidas sobre este consejo antes de ver cómo fue implementado.

Primero, note que Jetro aconseja a Moisés identificar tres cosas en los candidatos antes de escogerlos para el liderazgo. Le dice que seleccione hombres "virtuosos". Esto es importante. Las virtudes, las habilidades, y la experiencia, no son irrelevantes a la hora de escoger a aquellos que lo ayudarán a llevar las cargas. Pero virtudes no es lo único que hay que tenemos que buscar. Él continúa diciendo que estos hombres son "temerosos de Dios", refiriéndose a su estado espiritual y a la calidad de su relación con el Señor. Finalmente, sugiere que los candidatos han de ser honestos y estar libres de avaricia. En otras palabras, que tengan un carácter fuerte.

El consejo de Jetro fue básicamente: *Moisés, debes buscar personas con una mezcla de capacidades, espiritualidad, y carácter.* Luego le aconseja que una vez que haya identificado a estos líderes, los ponga "sobre el pueblo por jefes de millares, de centenas, de cincuenta y de diez". En otras palabras, Jetro le recomienda una estructura de gerencia multinivel.

He notado que una cantidad de líderes emergentes parecen tenerle miedo a la jerarquía y los niveles gerenciales. Les han dicho que las organizaciones con esquemas piramidales son anticuadas, y las ven como rígidas reliquias del pasado. Otros ven las estructuras administradas verticalmente como demasiado corporativas para ser espirituales. Pero lo que se sugiere aquí es precisamente eso.

Es completamente posible tener diversos niveles gerenciales. Sin embargo, a medida que su iglesia crece, su equipo y los líderes voluntarios deben crecer proporcionalmente.

Un individuo solo puede dirigir, capacitar, y ser responsable de un grupo limitado de personas (como lo descubrió Moisés). Y a medida que su equipo y su grupo de voluntarios crece, requerirá niveles adicionales de gerencia. De lo contrario, tanto usted como sus compañeros caerán víctimas del agotamiento, lo que producirá a su vez lo que yo he catalogado como "oración del pastor agotado".

En el libro de Números encontramos a Moisés bajo una gran presión, agobiado, y rebasado por las personas que acuden a él para que les solucione prácticamente todo.

> "Y oyó Moisés al pueblo, que lloraba por sus familias, cada uno a la puerta de su tienda [...]. Y dijo Moisés a Jehová: ¿Por qué has hecho mal a tu siervo? ¿y por qué [...] has puesto la carga de todo este pueblo sobre mí? [...]. Porque lloran a mí, diciendo: Danos carne que comamos" (Nm. 11:10–13).

¿Le suena eso familiar? Sospecho que la mayoría de los pastores se identificarán con esta sensación de estar siendo aplastado por la carga de dirigir una congregación. De hecho, hace poco leí que uno de cada tres pastores abandonan el servicio a tiempo completo prematuramente, y un porcentaje mucho más alto admite estar considerando seriamente renunciar a este.

Moisés también sintió esa continua carga y le pidió a Dios que ocurriera el último cambio en la descripción de su trabajo: que le cayera un rayo encima y lo matara:

"¡Solo no puedo soportar a todo este pueblo! ¡La carga
es demasiado pesada! Si esta es la manera como piensas
tratarme, sería mejor que me mataras. ¡Hazme ese favor y
ahórrame esta miseria!" (vv. 14, 15, NTV).

Parafraseando: "Querido Señor, si me quieres un poquito, mátame.
En serio, Dios. Solo mátame aquí y ahora".

Durante todos estos años he conocido a muchos pastores que han
admitido gallardamente haber tenido en algún momento una oración
similar (o al menos haberlo pensado). Yo también debo confesar que
este tipo de oración cruzó por mi mente durante mis primeros días
como pastor.

La carga de ser un pastor principal es mucho más grande de lo que
se imaginan la mayoría de los laicos. Como pastores, tenemos sobre
nuestros hombros todo el peso de velar por el bienestar del rebaño.
Todo matrimonio en problemas, informe médico negativo, hijo
descarriado, adicción, opresión, o conflicto en la congregación recae
sobre nosotros. Obviamente también recibimos informes positivos,
pero la naturaleza humana dicta que somos más propensos a escuchar
los negativos. Pareciera que las críticas, las quejas, y los lamentos
viajaran más rápido. Por eso es que tanta gente buena que ha sido
llamada por Dios para pastorear anda vendiendo seguros o dando
clases de historia. Por eso es que tantos abandonan el ministerio. Y
por eso es que aquellos que se quedan terminan agotados.

Como hemos visto, estamos en buena compañía. La primera
persona que conocemos que hizo esta oración pidiéndole a Dios que
lo liquidara fue nada más y nada menos que Moisés, el primer pastor
agotado de la historia.

Afortunadamente para todos Dios no complació la solicitud de
Moisés, sino más bien le dio una solución inteligente y poderosa para
que llevara a cabo su importante tarea. Esta fue la respuesta directa a
la radical petición de Moisés:

"Entonces Jehová dijo a Moisés: Reúneme setenta varones
de los ancianos de Israel, que tú sabes que son ancianos del

pueblo y sus principales; y tráelos a la puerta del tabernáculo de reunión, y esperen allí contigo" (Nm. 11:16).

Permítame parafrasear y resumir la solución de Dios para el pastor principal agotado llamado Moisés. Paralelamente al consejo de Jetro, Dios mismo le dice a Moisés: *¡Forma líderes!*

Fíjese que Dios le pide específicamente que reúna a setenta ancianos que *él sabe* "que son ancianos del pueblo y sus principales". Él no le ordenó que reuniera los que el *pueblo* considerara ancianos. No le pidió que organizara una elección. No sugirió un proceso democrático para determinar quiénes eran aptos para el liderazgo. Puso la decisión directamente en las manos del pastor principal. ¿Por qué? ¡Porque Moisés era el responsable delante de Dios por el bienestar de todo el grupo!

Yo entiendo muy bien la trampa en la que caen la mayoría de los pastores de las iglesias en crecimiento. El diablo se da cuenta rápidamente de que no puede ponerse frente a nosotros para bloquearnos el camino, así que se pone detrás y nos empuja, vendiendo la mentira de que tenemos que encargarnos de todo y hacerlo personalmente e inmediatamente.

El enemigo nos mantiene tan ocupados haciendo cosas *buenas*, que descuidamos las cosas *fundamentales*. Para el pastor principal, esas cosas fundamentales siempre dedicar tiempo a estar en la presencia de Dios y al estudio de su Palabra.

Dicho de manera sencilla, ¿cómo podemos seguir el consejo que Dios le dio a Moisés? Yo me hago dos preguntas al menos una vez al año, forzándome a ser completamente honesto con las respuestas: *Como pastor, ¿qué estoy haciendo que* nadie más *pueda hacer?*, y luego, *¿qué cosas estoy haciendo que* otras personas *pueden hacer?*

Las respuestas revelan las cosas que necesito delegar a líderes capaces y las cosas a las que me tengo que dedicar personalmente. Luego, identifico a hombres y mujeres de temple y de carácter, y los capacito. Entonces, los pongo a disposición para que obren exitosamente, sean diligentes y no controlen excesivamente.

Finalmente, fíjese que Dios le pide a Moisés que traiga a estos líderes al "tabernáculo de reunión". Leamos nuevamente el pasaje, pero ahora con un poco más de instrucción divina para tener cierto contexto.

> "Entonces Jehová dijo a Moisés: Reúneme setenta varones
> de los ancianos de Israel, que tú sabes que son ancianos del
> pueblo y sus principales; y tráelos a la puerta del tabernáculo
> de reunión, y esperen allí contigo. Y yo descenderé y hablaré
> allí contigo, y tomaré del espíritu que está en ti, y pondré
> en ellos; y llevarán contigo la carga del pueblo, y no la
> llevarás tú solo" (Nm. 11:16–17).

Dios no solo le pidió a Moisés que seleccionara setenta líderes. También le aconsejó que una vez que los escogiera, los llevara con él al tabernáculo. ¿Para qué? Según las propias palabras de Dios, ¡esto tenía el propósito de que ellos también recibieran la unción que descansaba en Moisés! Dios luego explicó el objetivo de todo este proceso: "Llevarán contigo la carga del pueblo", le dijo.

Secretos para una iglesia de bendición

Muchas veces me preguntan cómo hago para supervisar a una de las congregaciones de más rápido crecimiento de Estados Unidos sin agotarme o perder el norte. Les puedo asegurar que no es porque yo sea especial. También puedo asegurarles que nunca he estado tentado a pedirle a Dios *¡Mátame!*

> "Entonces Jehová dijo a Moisés: Reúneme setenta
> varones de los ancianos de Israel, que tú sabes que
> son ancianos del pueblo y sus principales; y tráelos a
> la puerta del tabernáculo de reunión, y esperen allí
> contigo" (Nm. 11:16).

Dios mismo describe aquí un método para formar líderes de una manera que les transfiere aspectos de la relación especial que usted tiene con Él, les confiere una comprensión vital de su llamado, y hace que reciban una capacitación sobrenatural del Espíritu de Dios que está en armonía con la que Él le ha dado a usted. ¡Esto es maravilloso!

Así es que se forman los líderes, llevándolos con usted a la presencia de Dios. Dejándolos observar la dinámica de su relación con Él. Entonces, usted comienza a darles parte de la responsabilidad en el tabernáculo.

¿Cómo he aplicado yo este principio en mi ministerio? He aprendido que mis líderes y yo debemos reunirnos juntos con Dios, y de manera habitual. Nosotros por ejemplo abrimos cada reunión de ancianos con un momento de alabanza y adoración (hablaré un poco más de esto en el capítulo "Una cultura de adoración"). Nuestros líderes principales se reúnen frecuentemente conmigo para estar juntos en la presencia de Dios. ¡He aprendido que después de que los futuros líderes son llevados a estas dinámicas de adoración y oración de grupos pequeños más nunca vuelven a ser los mismos!

Muchas veces me preguntan cómo hago para supervisar a una de las congregaciones de más rápido crecimiento de Estados Unidos sin agotarme o perder el norte. Les puedo asegurar que no es porque yo sea especial. También puedo asegurarles que nunca he estado tentado a pedirle a Dios ¡*Mátame!* ¿Por qué? Porque hace mucho tiempo conocí la respuesta de Dios a la oración del pastor agotado.

Pero repito: no es suficiente identificar líderes y darles responsabilidades. Usted tiene que capacitarlos para que lleven a cabo sus tareas exitosamente. Y como usted está a punto de descubrir, hay algunos secretos espirituales que harán posible esta clase de éxito.

20

La capacitación del nido del águila

COMO VIMOS, EL NUEVO TESTAMENTO CONTIENE UN PARALELISMO del sabio consejo que Jetro le dio a Moisés. La determinación de los apóstoles, inducida por el Espíritu Santo, fue delegar responsabilidades administrativas del ministerio con la finalidad de que ellos pudieran dedicarse a orar y predicar. ¿Qué podemos decir del consejo que Dios le dio directamente a Moisés? Me refiero a la orden de formar líderes en quienes pudiera delegar la obra del ministerio. Como cabría esperar, en el Nuevo Testamento encontramos también un paralelismo de este consejo.

A lo largo de los Evangelios Jesús modela este consejo en la manera en que trabajó con sus discípulos. Jesús primeramente se hizo acompañar de sus seguidores para que estos pudieran ver cómo llevaba a cabo la obra del ministerio. Luego ministró con ellos. Y finalmente, ¡los envió de dos en dos para que ministraran por sí solos!

Como recordará, Dios le pidió a Moisés que escogiera setenta ancianos con quienes compartiría las cargas de su ministerio. ¿Recuerda usted a cuántos envió Jesús?

> "Después de estas cosas, designó el Señor también a otros
> setenta, a quienes envió de dos en dos delante de él a toda
> ciudad y lugar adonde él había de ir. Y les decía: La mies a
> la verdad es mucha, mas los obreros pocos; por tanto, rogad
> al Señor de la mies que envíe obreros a su mies. Id; he aquí
> yo os envío como corderos en medio de lobos" (Lc. 10:1–3).

¡Jesús envió a setenta personas al igual que Moisés! ¿No es esto interesante?

Primero, usted les demuestra sus valores y métodos ministeriales a los líderes en formación. Luego les pide a esos líderes emergentes que lo acompañen en el ministerio. Finalmente, los envía ya capacitados para el ministerio, habiendo puesto sobre ellos un sano equilibrio entre responsabilidad y autonomía.

Este es el modelo que yo he tratado de emular para la formación de líderes en la Iglesia Gateway, y lo he llamado el "Método del nido del águila". He leído que cuando los aguiluchos han crecido lo suficiente como para aprender a volar, sus padres comienzan a forzarlos gradualmente a abandonar el nido. Pero los aguiluchos no son abandonados por sus padres para que descubran los secretos del vuelo por sí solos. Primero son alentados a que salgan del nido (a veces estimulándolos con un poco de comida) y uno de los padres vuela junto a ellos para demostrarles los secretos del vuelo.

Yo sé que las águilas no hablan, pero me imagino a los padres enseñando y animando a sus pequeños mientras vuelan: "¡Aletea más fuerte! ¿Puedes sentir la corriente de aire ascendente? Extiende tus alas. ¿Lo sientes? ¡Estás planeando!".

Más adelante, al aumentar su confianza, las águilas jóvenes comienzan a dar sus primeros vuelos en solitario, sin sus padres. Con el tiempo, adquieren suficiente experiencia como para enseñar a volar a otros.

Con las águilas como inspiración, mi modelo para formar líderes podría ser descrito como "Aliéntelos a salir del nido y vuele al lado de ellos". Yo creo en darles responsabilidades reales a los aspirantes, pero no los abandono para que averigüen por sí solos cómo se hacen las cosas. Vuelo a su lado durante sus inicios, modelando la manera en que quiero que se realice el ministerio, aconsejándolos, y ayudándolos cada vez que lo necesiten.

Con los años he visto que algunos candidatos a líderes se muestran ansiosos e impacientes por probar sus alas. Sin embargo, a algunos de los nuevos líderes más talentosos que he encontrado he tenido que impulsarlos primero para que dejen del nido.

El secreto está en ofrecer el equilibrio adecuado entre la capacitación y las responsabilidades dadas. Este no es un equilibrio natural o fácil de lograr. En mi experiencia, la mayoría de los líderes, dependiendo de su temperamento, tienden a estar ubicados en una de tres categorías: los que dominan, los que abdican, y los que delegan.

Los que *dominan* tienen la tendencia a controlar. Sus subordinados nunca reciben suficiente autoridad como para aprender a tener responsabilidades.

Los que dominan controlan excesivamente a los que los rodean. Como resultado, estos jamás se desarrollan o surgen nuevos líderes bajo su autoridad.

 ## Secretos para una iglesia de bendición

> Mi modelo para formar líderes podría ser descrito como "Aliéntelos a salir del nido y vuele al lado de ellos". Yo creo en darles responsabilidades reales, pero no los abandono para que averigüen por sí solos cómo se hacen las cosas.
>
> "Lo que has oído de mí ante muchos testigos, esto encarga a hombres fieles que sean idóneos para enseñar también a otros" (2 Tim. 2:2).

Los que *abdican* tienden a estar en lado opuesto del espectro. Delegan responsabilidades sin siquiera haber capacitado a las personas o modelado mediante el ejemplo cómo obrar exitosamente. Los aspirantes bajo este tipo de liderazgo reciben autoridad pero no responsabilidades. Son lanzados a las profundidades y se les pide que naden. Muchos terminan ahogándose.

El método correcto, identificado con el lema "Aliéntelos a salir del nido y vuele al lado de ellos" es el método del que *delega*. Delegar implica facultar progresivamente, de manera que el aspirante a líder poco a poco vaya teniendo responsabilidades y capacite a otros.

Este es el modelo que yo he estado aplicando deliberada y apasionadamente a lo largo de mi gestión en la Iglesia Gateway. Hoy este modelo de capacitación y responsabilidad está presente en cada parte de nuestra cultura organizacional y se extiende a todas nuestras políticas administrativas. Cada persona de nuestro equipo, por ejemplo, tiene un presupuesto discrecional que consiste en una cantidad de dinero que puede utilizar durante el trimestre contable sin requerir de la aprobación previa de un tercero. Cada quien puede utilizar su respectivo presupuesto sin tener que hablar primero con otra persona. ¡Eso es *capacitar*!

No obstante, todos y cada uno de esos gastos aparecen en un informe periódico preparado por nuestro departamento de contabilidad. En este informe los ancianos pueden ver cómo yo he decidido gastar mi presupuesto asignado, y yo puedo ver cómo mi asistente ha gastado el suyo. ¡Eso es *responsabilidad*!

Pero en Gateway esto se manifiesta de muchas otras formas aparte de la libertad administrativa. Yo creo que es necesario el establecimiento de una idiosincrasia de capacitación organizacional. Esta debe comenzar con la actitud que mostremos hacia los procedimientos clave. Para capacitar se necesita invertir en las personas y esperar que esa inversión produzca resultados que sean medibles y alcanzables.

¿Cómo funciona esto en nuestro día a día? Hemos desarrollado e implementado una práctica en nuestra organización que consiste en cinco elementos clave.

1. Oportunidad

Hemos creado intencionalmente oportunidades ministeriales y responsabilidades administrativas basadas en los dones, el carácter, la preparación, y la experiencia de cada individuo. Esto por supuesto requiere que ayudemos a los miembros del equipo y a los voluntarios a identificar y entender los dones que poseen, tanto naturales como espirituales.

Para este fin contamos con un pastor que es el responsable de fomentar el desarrollo del equipo. De allí ha surgido un extraordinario conjunto de herramientas de evaluación y autodescubrimiento que han ayudado a nuestra gente a descubrir ese punto favorable en el que convergen todas sus fortalezas naturales, sus dones espirituales, las cosas que los apasionan, y su llamado. Gracias a ello, podemos ubicarlos en los lugares idóneos. Luego les vamos dando oportunidades de manera progresiva que los ayudarán a desarrollarse durante su aprendizaje para lograr el éxito ("Aliéntelos a salir del nido y vuele al lado de ellos").

2. DEBERES BIEN DEFINIDOS

Nosotros hemos aprendido que la ambigüedad, la indefinición, y la arrogancia son archienemigos del éxito. Cuando los objetivos y las metas son ambiguos, cuando las responsabilidades no están definidas, o cuando los líderes presumen de que aquellos a quienes dirigen saben lo que tienen que hacer y cómo hacerlo, tenemos listo el camino para la ineficiencia, la falta de rumbo, e incluso la parálisis organizacional.

Es por ello que a cada puesto de trabajo en nuestra organización le hemos preparado una descripción clara que incluye cuáles son sus responsabilidades. Esta es elaborada de manera cuidadosa y bajo oración, con el propósito de que se ajuste a la visión establecida por la iglesia y el departamento. Nos esforzamos en que sea lo más sencilla posible para que cada miembro del equipo tenga claro qué es lo que se espera de él y lo que se considera el éxito en su función.

3. ADIESTRAMIENTO

Como ya vimos, el método de formación de líderes de Jesús —también dado por Jetro a Moisés— incluye permitir que los futuros líderes observen cómo se lleva a cabo correctamente la labor. Luego reciben oportunidades en las que pueden ayudar y participar. Después tienen la oportunidad de liderar mientras el maestro los supervisa y los entrena. Finalmente, quedan listos para actuar por sí solos. Se trata de un programa de adiestramiento abarcador.

En la Iglesia Gateway nos esforzamos en proveer esa clase de preparación. En el proceso, ayudamos al aspirante a entender nuestro ADN: La visión y los valores de la iglesia y del departamento en el cual se desenvolverá. También nos esforzamos en explicar los sistemas y procesos correspondientes a su puesto que hemos desarrollado con el paso de los años.

4. Recursos

"Hacer más ladrillos con menos paja". Ese fue el castigo infligido a los israelitas por parte de sus captores en Egipto. El faraón elevó el número de ladrillos que los israelitas tenían que producir normalmente, pero sin la paja necesaria para fabricarlos.

Cada semana una cantidad indeterminada de obreros cristianos enfrentan su propia versión del mismo dilema. Se les pide que hagan cosas grandes y ambiciosas para el Reino de Dios sin los recursos necesarios para completar el trabajo. Por supuesto, sus líderes no hacen esto por crueldad o resentimiento. Simplemente muchas organizaciones no han sido concebidas para adjudicar de manera concienzuda los recursos que las diferentes posiciones requieren, si es que les adjudican algunos.

Nosotros hacemos todo lo posible para asegurarnos de que los ocupantes de cada posición tengan acceso a los recursos necesarios para él éxito. Y si sus necesidades aumentan, contamos con procesos que nos permiten asignar los recursos adicionales necesarios.

¿Cómo podemos estar seguros de que esos recursos son usados de manera sabía y efectiva? Porque también supervisamos.

 Secretos para una iglesia de bendición

A una cantidad indeterminada de obreros cristianos se les pide que hagan cosas grandes y ambiciosas para el Reino de Dios sin los recursos necesarios.

"De aquí en adelante no daréis paja al pueblo para
hacer ladrillo, como hasta ahora; vayan ellos y
recojan por sí mismos la paja. Y les impondréis
la misma tarea de ladrillo que hacían antes" (Éx.
5:7–8).

5. SUPERVISIÓN

Esta es obviamente la esencia del lema "vuele al lado de ellos". Aunque haya terminado la etapa de adiestramiento, sigue siendo necesario proteger, dirigir, y animar; así como dar opiniones constructivas y responsabilidades. Para ser efectiva, esta clase de supervisión debe realizarse con un espíritu de servicio:

> "Entonces Jesús, llamándolos, dijo: Sabéis que los
> gobernantes de las naciones se enseñorean de ellas, y los que
> son grandes ejercen sobre ellas potestad. Mas entre vosotros
> no será así, sino que el que quiera hacerse grande entre
> vosotros será vuestro servidor" (Mt. 20:25–26).

Permítame decir una obviedad: Para que haya supervisión, debe haber un *supervisor*. Cualquier líder puede supervisar efectivamente a un número limitado de personas. Eso significa que a medida que su organización crece, usted va a tener que crear una estructura jerárquica con múltiples niveles.

Yo sé que muchos pastores se resisten naturalmente a cualquier modelo ministerial que les recuerde a los modelos de negocios del mundo. Afirman: "Esta es una iglesia, no una corporación fría e impersonal". Pues a mí me parece que a través de los años los negocios del mundo han terminado topándose con los principios sagrados a través del ensayo y el error. Es posible seguir la sabiduría bíblica sin darnos cuenta de ello. Si cierto método funciona en el mundo de los negocios, debemos detenernos a pensar por qué es exitoso.

Lo cierto es que durante miles de años los líderes de Dios han constituido organizaciones jerárquicas. ¿Recuerda la sabia solución de Jetro para Moisés ante el problema de su agotamiento? Le dijo: "Además escoge tú de entre todo el pueblo varones de virtud, temerosos de Dios, varones de verdad, que aborrezcan la avaricia; y ponlos sobre el pueblo *por jefes de millares, de centenas, de cincuenta y de diez*" (Éx. 18:21).

Lo que se describe aquí son niveles gerenciales que podrían representarse a través del típico organigrama empresarial. Es una jerarquía. Y si usted está dirigiendo a un grupo nómada compuesto por millones de personas que integran una sociedad en ciernes, necesitará *muchos* niveles gerenciales.

A medida que su iglesia crece necesitará también niveles adicionales de gerencia. Sé que eso suena demasiado corporativo. También sé que suena muy noble y humilde decir: "Nosotros no vamos a tener aquí títulos, supervisores, ni gerentes". El problema es que si usted mantiene esa filosofía, lo más probable es que su organización colapse por el peso de su propio crecimiento, o que no crezca en lo absoluto.

Oportunidad, deberes específicos, adiestramiento, recursos, y supervisión. Estos son los bloques que constituyen la cultura de la capacitación organizacional. Pero hay un fundamento espiritual sobre el que ha de descansar todo esto. Ese será el tema del siguiente capítulo.

21

El secreto para ser un líder capacitador

MÁS VECES DE LAS QUE PUEDO RECORDAR HE ESCUCHADO comentarios positivos sobre mi modelo de capacitación para dirigir la iglesia. Más de una de las personas que han comenzado a trabajar recientemente con nosotros se han acercado a mí y me han dicho algo como: "Robert, este es el lugar en el que he trabajado en el que más capacitación he recibido. Gracias por haber creado un ambiente de trabajo en el que tenemos la libertad de usar nuestros talentos al máximo".

Yo me siento bendecido y conmovido por estos comentarios, pero por sobre todas las cosas agradecido. Le doy gracias a Dios por que la gente me ve como un líder que capacita a los que lo rodean, y eso es algo que he aprendido a valorar con el paso de los años. Pero honestamente, creo que comencé a ser un líder capacitador desde el principio porque, en mi ingenuidad, recuerdo que yo no tenía otra manera de hacer las cosas.

En otras palabras, yo dejaba instintivamente que los demás crecieran, se desarrollaran, y brillaran. Jamás me sentí amenazado por los talentos o el éxito de los que trabajaban bajo mi liderazgo.

Cuando me preguntan sobre este aspecto de mi estilo liderazgo en el pasado, nunca he podido explicar sólida, espiritual, o bíblicamente por qué yo tiendo a hacer las cosas de esa manera naturalmente. Y como no he podido explicarlo, se me ha hecho difícil ayudar a otros líderes que no tienen esta visión innata de la capacitación.

Pero todo eso cambió recientemente cuando, después de más de treinta años en el ministerio y de estudiar la Biblia intensivamente, encontré algo en la Palabra que nunca había notado.

Era algo que revelaba tanto el secreto para ser un líder capacitador, como la razón por la cual yo tenía esa visión innata.

No es de sorprender que la verdad estaba oculta a plena vista en el relato de Juan sobre las horas finales del líder más capacitador que ha caminado sobre la faz de la tierra. Pero yo había leído el capítulo trece de Juan y su descripción de la última cena muchísimas veces. Había estado en la mesa con Pedro, Santiago, Juan, Judas, y el resto de los discípulos en tantas ocasiones, que me sorprende que mi cara no aparezca en el famoso cuadro de Leonardo da Vinci.

Me imagino que usted está tan familiarizado con la escena como yo. Si es así, sabrá entonces que Jesús comenzó esa noche extraordinaria lavando los pies de los discípulos. Lo que yo jamás había notado hasta hace poco era el comentario bíblico sobre lo que motivó ese acto de servicio y humildad. Ahí mismo en los primeros versículos del capítulo, se nos da una idea de lo que había en la mente de Jesús en ese momento:

> *"Sabiendo Jesús que el Padre le había dado todas las cosas*
> *en las manos, y que había salido de Dios, y a Dios iba,*
> se levantó de la cena, y se quitó su manto, y tomando
> una toalla, se la ciñó. Luego puso agua en un lebrillo, y
> comenzó a lavar los pies de los discípulos, y a enjugarlos con
> la toalla con que estaba ceñido" (Jn. 13:3–5).

¿Cómo es que yo no había notado la primera parte del versículo tres? Allí está la explicación de por qué el Rey de gloria, el Verbo encarnado que ha existido durante la eternidad, se inclinó delante de estos hombres y les quitó el sucio de los pies. Allí está la respuesta al misterio de cómo el Creador puede servir a la creación.

Jesús podía servir y delegar autoridad confiadamente porque sabía tres cosas:

1. JESÚS SABÍA DE DÓNDE PROVIENE EL PODER

Fíjese que en Juan 13:3 dice "que el Padre le había dado todas las cosas en sus manos". En las casas de la gente pudiente de los tiempos de Jesús el siervo más bajo de todos era el que tenía asignada la tarea de lavar los pies. Cuando usted veía al siervo encargado de lavar los pies, con toda seguridad estaba viendo a alguien que aspiraba a que lo ascendieran a palear en el establo.

Solo alguien que se siente seguro de lo que es y de lo que tiene puede elegir libremente ejercer la función de siervo. Solo alguien que sabe más allá de toda duda que tiene la aprobación de Dios puede echar a un lado la carga de buscar la aprobación de los demás. Solo alguien que está en paz y que sabe que es Dios quien le ha dado todo y que ningún mortal puede quitárselo, puede dar lo que tiene.

Esta verdad revela por qué un líder se puede aferrar tenazmente a su autoridad, influencia, y posición. Ocurre que en el fondo de su corazón, no está seguro de que Dios le ha "dado todas las cosas en sus manos". Opera basado en el engaño de que ha logrado su posición y autoridad mediante su esfuerzo, trabajo, e ingenio. Y como cree que la ha logrado así, supone que debe aferrarse a ella de la misma manera.

Otros líderes pueden operar enraizados en un profundo temor. En secreto temen que alguien más talentoso, carismático, o educado venga en cualquier momento a quitarles lo suyo. Piensan que de un momento a otro la estima y el afecto de la gente, el prestigio del que disfrutan, y la influencia que ejercen les será arrebatada por alguien más. Por tal motivo, son un manojo de nervios por lo que tienen. No se atreven a dejar que alguno de los que lideran vuele o brille demasiado.

Esta casa de nervios e inseguridades está construida sobre un fundamento falso. El secreto para ser un líder capacitador consiste simplemente en saber de dónde proviene el poder:

"Porque ni de oriente ni de occidente, ni del desierto viene el enaltecimiento. Mas Dios es el juez; a este humilla, y a aquél enaltece" (Sal. 75:6–7).

"Escribe al ángel de la iglesia en Filadelfia: Esto dice el Santo, el Verdadero, el que tiene la llave de David, el que abre y ninguno cierra, y cierra y ninguno abre: Yo conozco tus obras; he aquí, he puesto delante de ti una puerta abierta, la cual nadie puede cerrar" (Ap. 3:7–8).

Cuando algunos de los discípulos de Juan el Bautista comenzaron a alarmarse por la fama y el crecimiento de los seguidores de Jesús, Juan los calló rápidamente diciendo que "No puede el hombre recibir nada, si no le fuere dado del cielo" (Jn. 3:27).

Juan sabía de dónde proviene el poder. Reconoció que todo lo que tenemos es un préstamo de Dios y que todo lo que recibimos ha de ser mantenido con la mano abierta delante de Él.

Esta revelación me ayudó a entender por qué pareciera que yo puedo capacitar a los demás más naturalmente que otros. Yo aprendí bien temprano en mi relación con Dios que debo mantener con la mano abierta lo que Dios me ha dado. Primero lo aprendí con el dinero. Después, lo extendí hacia todos los demás aspectos de mi vida, incluyendo mi posición y autoridad.

Pero no me malinterprete. Hay innumerables aspectos de la vida y el liderazgo cristianos que a Dios le tomaron años fortalecer en mí. Pero en este asunto específico fue un milagro que Dios obró en mi corazón durante los inicios de mi vida cristiana. Y fue una obra profunda, amplia, y completa. Ahora cuando pienso en ello todo cobra sentido. Después de que Dios lo ha movido a dar numerosos vehículos, una casa, y en más de una ocasión hasta los ahorros de toda la vida; y en cada oportunidad usted ha visto cómo Dios le ha restaurado todo y lo ha bendecido abundantemente, confiar en Él a la hora de entregar su ministerio se torna mucho más fácil. Esto tiene su origen en una mentalidad de abundancia, y la estimula. Es la confianza silenciosa de que Dios es el dueño de todo, y de que si Él le pide que usted entregue lo que tiene Él fielmente se lo restaurará. Usted está convencido de que hay mucho más de aquel lado.

Lo opuesto es la mentalidad de la escasez. Consiste en la creencia falsa de que todo recurso: dinero, amor, estima, influencia, y oportunidad, es limitado. Este paradigma también presupone que el poder proviene de otro lugar aparte de Dios, quizá de nosotros mismos, de la casualidad, de algún sistema, o de la sede denominacional. Si usted piensa así en su corazón, no mantendrá con mano abierta lo que le ha sido dado.

Secretos para una iglesia de bendición

Una mentalidad de abundancia es la confianza silenciosa de que Dios es el dueño de todo, y de que si Él le pide que usted entregue lo que tiene Él fielmente se lo restaurará.

"Entonces Jesús, mirándole, le amó, y le dijo: Una cosa te falta: anda, vende todo lo que tienes, y dalo a los pobres, y tendrás tesoro en el cielo; y ven, sígueme, tomando tu cruz" (Mr. 10:21).

No hace mucho escuché a un colega pastor hablar sobre su experiencia como padre sustituto de un niño huérfano. Este pequeño de seis años había vivido en un hogar disfuncional sumido en la pobreza, atendido únicamente por una madre soltera adicta a las drogas. Esta mujer gastaba todo el poco dinero que conseguía para comprar drogas, así que lo único que este niño conocía era carencias y hambre. Finalmente la madre murió de una sobredosis y el niño quedó abandonado. Vivió solo durante varias semanas hasta que alguien notó lo que ocurría y llamó a los Servicios de Protección Infantil.

El pastor y su esposa recibieron una llamada en la que les preguntaron si estaban dispuestos a ser padres sustitutos del niño durante un tiempo, y ellos aceptaron alegremente.

Durante los primeros días el pastor notó que el niño tomaba constantemente comida de la mesa y la guardaba en sus bolsillos. Se dio cuenta de que el niño jamás había visto abundancia. La escasez y la incertidumbre eran las únicas cosas que había experimentado. Tomaba comida cada vez que podía porque no tenía razón para esperar que habría más comida en el futuro.

Al chico le tomó varias semanas comenzar a darse cuenta de que quienes lo estaban cuidando tenían suficiente y que podía confiar en ello. Con el paso de los días dejó de esconder comida. Dejó de tener una mentalidad de escasez, y pasó a tener una mentalidad de abundancia (por favor no se desanime por mi uso de la palabra abundancia solo porque algunos la han utilizado con fines egoístas en el pasado).

Lamentablemente, muchos líderes y pastores operan con una mentalidad de escasez. Son incapaces de compartir abiertamente la autoridad, el crédito, o las recompensas, porque no están convencidos de que hay suficiente con que contar. En otras palabras, no saben de dónde viene el poder.

En más de una ocasión me ha sorprendido ver a pastores que enseñan sin problemas y de manera confiada el principio de sembrar y cosechar en lo que respecta a las finanzas; es decir, que Dios es fiel en multiplicar sus bendiciones cuando usted da con la motivación correcta. Sin embargo, esos mismos pastores se sienten temerosos en ceder poder y autoridad porque no confían en que Dios los va a bendecir con más.

2. Jesús sabía de dónde venía

Jesús sirvió a sus seguidores y les confirió autoridad porque sabía "que el Padre le había dado todas las cosas en las manos". Pero como Juan 13:3 dice, eso no era lo único que sabía. Leamos nuevamente el versículo: "Sabiendo Jesús que el Padre le había dado todas las cosas en las manos, y que había salido de Dios, y a Dios iba". Jesús sabía que Él venía de Dios. Tal vez usted está pensando: *Obviamente Jesús salió de Dios. Él es su Hijo unigénito.* Es correcto, pero usted y yo también salimos de Dios si hemos nacido de nuevo. Estábamos perdidos y muertos en nuestros pecados, pero en Cristo hemos nacido de Dios.

> "Todo aquel que cree que Jesús es el Cristo, es nacido de
> Dios; y todo aquel que ama al que engendró, ama también
> al que ha sido engendrado por él" (1 Jn. 5:1).

Yo sé de donde vengo, y saberlo marca una gran diferencia para mí como líder. Recordar cuán perdido, desdichado, extraviado, y autodestructivo me sentía *sin* Cristo; y cuán perdonado, pleno, aceptado, y capacitado me siento ahora *en* Él, me ayuda a mantener una agradecida dependencia de Él. Me da confianza para servir a otros, porque solo Él puede redimir un desastre como el mío.

Es vital que como líderes sepamos de dónde salimos. Esto protege nuestros pasos de tropezar con el orgullo, y evita que caigamos víctimas de la presunción de que podemos hacer todo por nuestros propios medios.

3. JESÚS SABÍA A DÓNDE IBA

Jesús se ciñó la toalla a la cintura y se inclinó delante de sus seguidores para servirlos como un esclavo porque sabía que "a Dios iba". En otras palabras, tenía una visión clara y segura de su futuro y de las recompensas que disfrutaría allá. ¿No le sorprende pensar que Jesús tuvo que enfocarse en las bendiciones futuras para poder reunir el coraje necesario para soportar el sufrimiento inimaginable de la cruz? Eso es precisamente lo que nos dice el autor del libro de Hebreos:

> "Puestos los ojos en Jesús, el autor y consumador de la
> fe, el cual por el gozo puesto delante de él sufrió la cruz,
> menospreciando el oprobio, y se sentó a la diestra del trono
> de Dios" (Heb. 12:2).

Si para que el Hijo de Dios pudiera completar su misión como líder le fue necesario contemplar una visión clara de su gozo futuro, ¿cuánto más no lo será para nosotros? Tenemos que saber hacia dónde vamos y que donde vamos es bueno.

Si vamos a capacitar líderes, es fundamental saber que todo lo que tenemos proviene de un Dios de abundancia, amoroso, y confiable. Igualmente es fundamental saber de dónde venimos, de qué hemos sido redimidos, y que nuestro nuevo nacimiento nos da una nueva herencia. Pero también es necesario que sepamos a dónde vamos. Necesitamos saber que Dios recompensa la fidelidad y la obediencia. Debemos confiar en el gozo que nos espera si nos comprometemos a servir y capacitar a quienes Dios nos ha confiado bajo su liderazgo.

Tome todo lo que Dios le ha dado con la mano abierta... este es el pequeño secreto poco conocido para ser un líder capacitador. Y enseñar a quienes lo rodean para que hagan lo mismo lo ayudará establecer una cultura de capacitación en su iglesia u organización.

QUINTA PARTE

Un gobierno eclesiástico de bendición

22

El gobierno de la iglesia es importante

Lo llamaré el cuento de los dos tipos de iglesia. Un solo pastor, pero dos tipos de iglesia. Llamaré al pastor John. John es un hombre que creció en una de las denominaciones más sólidas de Estados Unidos, en donde escuchó y respondió al llamado de Dios a predicar. Después de la universidad, asistió a uno de los seminarios de esa denominación.

Como comunicador nato, y con una personalidad arrolladora, John experimentó un éxito inmediato como joven pastor. Él era una fuente de ideas novedosas y poseía una energía visionaria. Luego de una corta estadía en su primer trabajo después de haber salido del seminario, un comité de búsqueda de una iglesia grande y de trayectoria lo llamó.

John no perdió la oportunidad. Apenas llegó, comenzó a buscar ejercer su liderazgo y su visión en esta influyente congregación.

Esta es la iglesia 1 en nuestro cuento de dos iglesias.

Poco tiempo después de llegar, John se sorprendió al descubrir que en vez de convertirse en *el* líder dinámico que anhelaba, no tendría la oportunidad de hacer nada significativo. La junta de diáconos y ancianos estaba compuesta de personas mayores que habían ocupado esos puestos durante años. Este cuerpo tomaba todas las decisiones trascendentales relacionadas con la iglesia. El pastor tenía la libertad de presentar ideas para iniciativas y proyectos, pero solo la junta tenía el poder de decidir lo que se haría. En otras palabras, John podía proponer, pero la junta podía deshacer.

Por supuesto, a través de los años estos ancianos habían visto ir y venir a muchos pastores. Todos habían sido reclutados y contratados, al igual que John. A algunos de los predecesores de John se les presentaron otras oportunidades. Otros se jubilaron. Y uno fue incluso despedido por la junta. Cuando John preguntó por este caso particular, la junta le respondió algo así como que este pastor no había sabido llevar a cabo los deberes de su trabajo, como visitar a los enfermos en los hospitales, o a los ancianos confinados a sus casas.

Pero John se enteró por parte de algunos observadores objetivos que realmente se había tratado de un choque de voluntades y de puntos de vista. El pastor en ese entonces quiso hacer más contemporáneo y progresivo el servicio de adoración principal del fin de semana para atraer familias jóvenes a una congregación integrada mayormente por personas canosas. La junta no aceptó la propuesta y entró en una contienda con este determinado pastor que terminó en su destitución.

Todo esto hizo finalmente que John llegara a una conclusión preocupante. Específicamente, que en el sistema en el que estaba operando, él era solo un empleado clave de una organización. Era un empleado que había sido contratado para realizar una cantidad de tareas que consistían en predicar a un nivel que mantuviera a la gente regresando a la iglesia y estimulada en su dadivosidad, visitar a los enfermos y los ancianos, y realizar bodas y funerales.

Sus constantes y progresivos enfrentamientos con la junta gobernante crearon una creciente frustración en Juan (¿Recuerda mi referencia al santo descontento en el capítulo 7?). Aparte de esto, cada vez lo perseguían más las palabras de Jesús acerca de los pastores en el Evangelio de Juan, donde el Señor contrasta el verdadero pastor con el asalariado.

> "Yo soy el buen pastor; el buen pastor su vida da por las ovejas. Mas el asalariado, y que no es el pastor, de quien no son propias las ovejas, ve venir al lobo y deja las ovejas y huye, y el lobo arrebata las ovejas y las dispersa. Así que el asalariado huye, porque es asalariado, y no le importan las ovejas" (Jn. 10:11–13).

John sabía que él no tenía el corazón de un asalariado latiendo en su pecho. Él amaba a las ovejas, y creía que estaba listo para rendir su vida por ellas. De hecho, por eso era que lo frustraba tanto que la junta obstaculizara su trabajo a cada rato. Estaba siendo tratado como un asalariado porque, siéndolo o no, el *sistema* de la iglesia lo había *convertido* en uno.

Después de varios años bajo esta degenerante situación, John se cansó. Comenzó a hacer planes para abrirse paso y fundar una iglesia propia e independiente, separada de la denominación que había conocido toda la vida. Él no tenía desacuerdos importantes en cuanto a la doctrina. Simplemente no estaba dispuesto a seguir siendo pastor bajo un sistema de dirección eclesiástica que la denominación les exigía a todos sus afiliados.

En medio de su dolor y frustración, John se hizo una promesa a sí mismo: *Cuando tenga mi propia iglesia, más nunca un grupo de ancianos tercos, negativos, y de mente cerrada van a controlar mi capacidad de dirigir y llevar a cabo mi visión.*

Cuando las condiciones estaban dadas, John renunció y comenzó su nueva obra en la cafetería de una escuela; y fue fiel a la promesa que se hizo. Fundó "su" iglesia como una organización sin fines de lucro, y llenó los requerimientos legales de tener una junta directiva incluyendo a su esposa, un pastor amigo, y algunos admiradores que eran empresarios exitosos.

Los días de tener que batallar y hacer política para poder avanzar habían terminado. Todos los integrantes de la junta estaban dispuestos a no hacer otra cosa más que apoyar cualquier iniciativa que John planificara llevar a cabo. Finalmente él estaba en control. Esta es la iglesia 2 en nuestro cuento de las dos iglesias.

Su nueva obra creció rápidamente, tal como John lo había planificado. Durante los primeros años de crecimiento, John estaba viviendo un sueño hecho realidad. Básicamente pudo crear una iglesia a su propia imagen. Los programas, las iniciativas, y las prioridades en los gastos se hacían como él decidía. Por supuesto, John se esforzaba en seguir las instrucciones de Dios para la iglesia, pero si él sentía que Dios le había hablado directamente sobre algo, no se veía obligado a confirmarlo con nadie. Su equipo, que crecía rápidamente, obviamente no tenía la inclinación a contradecirlo, al punto de que las discusiones que se realizaban en reunión solían terminar cuando John sacaba a relucir su carta del "Dios me dijo".

La junta se reunía una vez al año como lo requerían las leyes que rigen las organizaciones sin fines de lucro. Estas reuniones consistían en momentos de comunión informales y amigables, en los que solo se invertían unos minutos para leer y aprobar las actas de los años anteriores, así como el informe financiero del año en curso. Entre una reunión y la siguiente John solía llamar a uno de los miembros de la junta para pedirle consejo sobre algún asunto. Sopesaba el consejo, y entonces procedía a actuar según le parecía conveniente.

Este modelo pareció funcionar perfectamente durante los primeros años de la iglesia. Pero a medida que la feligresía aumentó, también lo hicieron los presupuestos. Las necesidades de la organización se sofisticaron, los problemas se volvieron exponencialmente más complejos, surgieron intereses, y las implicaciones negativas de cualquier mala decisión llegaron a ser potencialmente peligrosas.

Finalmente, a pesar de las mejores intenciones, la gestión de John se convirtió en un desastre. Al principio algunos de lo que lo rodeaban comenzaron a cuestionar sutilmente si lo que se estaba haciendo era correcto. Pero al final ya no quedaba ninguno en el ministerio de John que pudiera evaluarlo de una manera positiva.

La caída resultante ocasionó un éxodo en la iglesia y un daño tremendo a su reputación en la comunidad.

Antes de que comience a preguntarse quién es este John, le diré que John es una mezcla de muchos pastores que he conocido. Y esta mezcla ilustra claramente la verdad que quiero enseñarle. A saber, que la gran mayoría de los pastores trabajan hoy de manera desequilibrada en lo que respecta a la autoridad y la responsabilidad, los elementos y el producto de la dirección de la iglesia. En otras palabras, la mayoría de los modelos de dirección eclesiástica se sitúan entre estos dos elementos. La historia de John, muy común, revela lo posible que es pasar de un extremo al otro.

La dirección de la iglesia no es un tema espurio, sino vital. La forma de gobierno que se adopte en la iglesia es más importante de lo que muchos se imaginan. En los siguientes capítulos de esta sección exploraremos cuál es el punto de equilibrio que la Biblia prescribe y que Dios aprueba.

Secretos para una iglesia de bendición

La gran mayoría de los pastores trabajan hoy de manera desequilibrada en lo que respecta a la autoridad y la responsabilidad. La mayoría de los modelos de dirección eclesiástica se sitúan entre estos dos elementos.

"Igualmente, jóvenes, estad sujetos a los ancianos; y todos, sumisos unos a otros, revestíos de humildad; porque: Dios resiste a los soberbios, y da gracia a los humildes" (1 P. 5:5).

23

El modelo de gobierno eclesiástico de Gateway

UNA SOLA PREMISA FUNDAMENTAL REPRESENTA LA BASE DEL MODELO de gobierno eclesiástico de Gateway: la iglesia es la esperanza del mundo.

Como Cuerpo de Cristo, la iglesia es la manifestación visible y tangible de Jesús en la tierra. El hilo escarlata de la redención comenzó con la promesa hecha a Eva de que algún día su semilla aplastaría la cabeza de la serpiente. Este hilo corre a través de la fundación de la nación por medio de Abraham, la primera Pascua, y la ley y los profetas; alcanza su clímax en la cruz de Jesucristo, y se extiende hasta la Iglesia de hoy. Nosotros somos agentes de Dios para redención y restauración en la tierra. Estamos viviendo las implicaciones de la victoria de Jesús sobre la muerte. Sin embargo...

Para que la Iglesia pueda ejercer la mayor influencia en el mundo, debe tener una estructura de gobierno saludable. Cuando una iglesia escoge su forma de gobierno; bien sea de manera consciente o no; está moldeando, formando y decidiendo su propio destino.

¿Por qué? Porque el gobierno de la iglesia es el canal a través del cual fluye la visión, tanto de Dios hacia los líderes, y de los líderes hacia su pueblo. Es el contexto en el que se expresa el destino del Reino para aquellos que sirven en su obra.

Nuestra visión de la dirección eclesiástica incluye dos conceptos fundamentales adicionales:

1. La dirección teocrática.
2. El liderazgo plural bajo la dirección unipersonal.

Cualquiera sea el estilo o la estructura de gobierno que se escoja, esta debe reflejar estos dos conceptos angulares. Permítame explicar estos términos y cómo están presentes en nuestro modelo de dirección eclesiástica.

Secretos para una iglesia de bendición

Ninguna iglesia es mejor que su modelo de gobierno. Cuando una iglesia escoge su forma de gobierno; bien sea de manera consciente o no; está moldeando, formando y decidiendo su propio destino.

"Los ancianos que gobiernan bien, sean tenidos por dignos de doble honor, mayormente los que trabajan en predicar y enseñar" (1 P. 5:5).

LA DIRECCIÓN TEOCRÁTICA

En el centro de nuestro modelo de gobierno hay algo que pareciera obvio, pero que a menudo es pasado por alto: Dios está al mando, y Jesús es el Rey.

Como dice el Salmo 24:1: "De Jehová es la tierra y su plenitud; el mundo, y los que en él habitan". Toda autoridad y poder legítimos en la tierra le pertenecen a Dios, y solo Él puede otorgarlos a otros. Esta es la esencia del mensaje de Romanos 13:1–2:

"Sométase toda persona a las autoridades superiores; porque no hay autoridad sino de parte de Dios, y las que hay, por Dios han sido establecidas. De modo que quien se opone a la autoridad, a lo establecido por Dios resiste; y los que resisten, acarrean condenación para sí mismos".

Si, como declara aquí la Palabra, todas las autoridades terrenales son establecidas por Dios, entonces esto también se aplica a las autoridades de la iglesia. Esto significa que un modelo bíblico de gobierno eclesiástico ha de estar basado en el concepto de que todos los líderes deben servir como representantes de Dios y de su Reino.

Este paradigma requiere obviamente que el gobierno de la iglesia sea tomado seriamente por todos los que lo componen. Los líderes que aceptan estas premisas se muestran supremamente diligentes en desarrollar los intereses del Reino de Dios, en vez de desarrollar sus propios intereses o carreras. Y los miembros de la iglesia entenderán que dado que toda autoridad proviene de Dios, cuando obedecen a esa autoridad están, por fe, obedeciendo a Dios.

Hay un segundo concepto detrás de nuestro modelo de gobierno eclesiástico.

LA DIRECCIÓN UNIPERSONAL
Y EL LIDERAZGO PLURAL

En el capítulo anterior presenté la parábola de un pastor llamado John en dos diferentes circunstancias de gobierno eclesiástico. En la primera Juan estaba en medio de una iglesia dirigida únicamente por un liderazgo plural, una junta de ancianos que contrataba y despedía pastores a medida que veían si estos se ajustaban a todas las decisiones clave de la iglesia. En la segunda Juan reacciona desmesuradamente a los abusos y las limitaciones malsanas de su primer trabajo pastoral pasándose al otro extremo del espectro. Básicamente crea para sí mismo un sistema de gobierno unipersonal. ¡Mi amigo Jimmy Evans llama al primer extremo el gobierno del pastor maltratado, y al segundo extremo el gobierno de las ovejas maltratadas!

Ninguna de estas dos situaciones es saludable y, desde mi punto de vista, ninguna se ajusta a lo que dice la Palabra. ¿Qué es lo ideal? No se sorprenderá si le digo que es una mezcla equilibrada de los dos extremos. Este es el modelo de gobierno que nos esforzamos en implementar en la Iglesia Gateway desde el primer día. La puesta en práctica de este modelo no siempre ha sido perfecta, y es posible que nos hayamos salido del centro del espectro de vez en cuando. Pero como el anhelo de nuestro corazón siempre ha sido hacer las cosas como Dios manda, Él ha sido fiel en ayudarnos a retomar el equilibrio deseado.

¿Hay ejemplos bíblicos de los modelos de liderazgo plural y unipersonal? A continuación presento dos, uno del Antiguo

Testamento, y otro del Nuevo Testamento (que ya examinamos en la Cuarta parte):

> "Te dejé en Creta para que pusieras en orden lo que quedaba por hacer y en cada pueblo nombraras ancianos de la iglesia, de acuerdo con las instrucciones que te di" (Tit. 1:5, NVI).

> "No está bien lo que estás haciendo—le respondió su suegro—, pues te cansas tú y se cansa la gente que te acompaña. La tarea es demasiado pesada para ti; no la puedes desempeñar tú solo. Oye bien el consejo que voy a darte, y que Dios te ayude. Tú debes representar al pueblo ante Dios y presentarle los problemas que ellos tienen. A ellos los debes instruir en las leyes y en las enseñanzas de Dios, y darles a conocer la conducta que deben llevar y las obligaciones que deben cumplir. Elige tú mismo entre el pueblo hombres capaces y temerosos de Dios, que amen la verdad y aborrezcan las ganancias mal habidas, y desígnalos jefes de mil, de cien, de cincuenta y de diez personas. Serán ellos los que funjan como jueces de tiempo completo, atendiendo los casos sencillos, y los casos difíciles te los traerán a ti. Eso te aligerará la carga, porque te ayudarán a llevarla. Si pones esto en práctica y Dios así te lo ordena, podrás aguantar; el pueblo, por su parte, se irá a casa satisfecho" (Éx. 18:17–23, NVI).

En cada instancia Dios usa a un individuo para establecer la visión, los valores, y la dirección de la obra, conjuntamente con una pluralidad o grupo de personas que pondrán en práctica esa visión, la supervisarán, y participarán en la materialización de la plenitud de la misma.

Como ya vimos, encontrar el equilibrio entre estos dos elementos en la iglesia es poco común. De hecho, si usted visualiza la relación entre estos dos elementos como un subibaja, en muchos casos uno de los extremos del mismo está institucionalmente pegado al suelo.

Ocurre que a veces las reglas de la iglesia o la misma estructura denominacional tienen un lado que es usado por la junta de ancianos o de diáconos para anclarse firmemente a tierra, dejando al pastor en el aire agitando sus brazos y sus piernas en un esfuerzo inútil por alcanzar el suelo. Otras estructuras están meticulosamente diseñadas para que el lado del pastor o fundador pese tanto, que ni una docena de ancianos entusiastas no puedan bajar ni un centímetro el subibaja.

Por supuesto, existe un número infinito de variaciones de estos dos extremos; pero como ya dije, el equilibrio es difícil de encontrar hoy en las iglesias. Y la carencia de un gobierno equilibrado tiende a suprimir su efectividad o abrirlo a fuerzas destructivas. Yo he presenciado esto muchas veces. Este desequilibrio se manifiesta generalmente en uno de dos extremos:

1. La dominación espiritual por parte de un solo hombre.
2. El control político por parte de un grupo.

Este desequilibrio representa un alto precio para la iglesia. El precio generalmente se manifiesta en la forma de una tensión interna debilitadora; en desconfianza; e inevitablemente, en el fracaso en alcanzar los objetivos del ministerio. No es necesario que le recuerde que el destino eterno de millones de almas depende de nuestra capacidad de llevar a cabo nuestras respectivas misiones de forma poderosa y efectiva.

Por otro lado, las recompensas de un liderazgo equilibrado son enormes. Los frutos de una autoridad bíblica equilibrada en las iglesias incluyen paz interna, confianza y, más importante, el poder para completar la voluntad de Dios y la obra del Reino.

Por supuesto, todo esto genera algunas preguntas que tal vez usted ya se está haciendo ahora. ¿Cómo se logra y se mantiene ese equilibrio? ¿Es posible implementar un método equilibrado dentro de una estructura jerárquica denominacional? ¿Cómo se manifiesta en la práctica el método de dirección unipersonal y liderazgo plural?

No se preocupe. En los siguientes capítulos ofreceré respuestas a todas estas preguntas y otras; y proveeré algunos ejemplos reales de cómo estos conceptos se manifiestan en la vida diaria de nuestros procesos de gobierno eclesiástico.

24

Una tensión saludable

Yo creo que uno de los factores más significativos que contribuyen a la salud de la Iglesia Gateway es nuestra capacidad de mantener un equilibrio apropiado—o una tensión saludable, por decirlo de alguna manera—entre mi liderazgo personal como pastor, y el liderazgo plural de nuestros ancianos y el equipo de pastores.

No estoy alardeando, sino simplemente señalando que en este aspecto hemos actuado de manera intencional y con mucha oración. Hemos adoptado un paradigma que reduce las clásicas luchas de poder en la iglesia antes de que estas comiencen a través de una verdad fundamental: El poder no radica en el cargo del pastor; pero tampoco está en las funciones de los ancianos. El poder de la iglesia radica en Jesús:

"Y él es la cabeza del cuerpo que es la iglesia, él que es el principio, el primogénito de entre los muertos, para que en todo tenga la preeminencia" (Col. 1:18).

"Y sometió todas las cosas bajo sus pies, y lo dio por cabeza sobre todas las cosas a la iglesia, la cual es su cuerpo, la plenitud de Aquel que todo lo llena en todo" (Ef. 1:22–23).

Las luchas de poder que son tan comunes en las iglesias son una afrenta al Dios que ofreció a su Hijo como sacrificio para redimirnos. Estas nacen del mismo espíritu personalista y oportunista que impulsó a Santiago y a Juan (antes de su conversión) a exigirle a Jesús el derecho de sentarse a la derecha y a la izquierda de su trono en el Reino (ver Mr. 10:35–37).

Secretos para una iglesia de bendición

> Saber esto reduce las clásicas luchas de poder en la iglesia antes de que estas comiencen: El poder no radica en el cargo del pastor; pero tampoco está en las funciones de los ancianos. El poder de la iglesia radica en Jesús.
>
> "Todo fue creado por medio de él y para él. Y él es antes de todas las cosas, y todas las cosas en él subsisten; y él es la cabeza del cuerpo que es la iglesia, él que es el principio, el primogénito de entre los muertos, para que en todo tenga la preeminencia" (Col. 1:16–18).

¿Dónde radica el poder? Como ya vimos, el poder radica en Dios. Sin embargo, Él ha delegado *responsabilidad* y *autoridad* a los pastores y ancianos. ¿Cómo se manifiesta esto en la Iglesia Gateway?

Nosotros vemos al pastor como un miembro más del cuerpo de ancianos, un miembro especial. En otras palabras, el pastor es jefe entre iguales. Pero lo que hace que la relación funcione es que todos los involucrados asumen sus funciones con un espíritu de humildad y de sujeción mutua. En Gateway los ancianos se sujetan a mí individualmente como pastor, y yo me sujeto a ellos como cuerpo (veremos cómo funciona esto en la práctica cuando desarrolle estos conceptos más adelante).

Hay otros aspectos clave de nuestra dinámica pastor-ancianos que tal vez podría lucir poco ortodoxa. La mayoría de las iglesias en Estados Unidos funcionan como una democracia. Es decir, la mayoría es la que decide. En las juntas de ancianos o diáconos, si una propuesta o proyecto tiene el cincuenta por ciento de apoyo más un voto, es aprobado. Nosotros, sin embargo, determinamos desde un principio que o avanzábamos unidos, o no avanzábamos. En otras palabras, toda propuesta requiere de una votación unánime para que sea aprobada.

Robert, usted me está diciendo que un solo anciano reacio puede bloquear una iniciativa que usted u otro miembro de la junta piensa que es brillante o inspirada por Dios?

Sí, eso fue exactamente lo que dije. Yo confío en el Espíritu de Dios que mora en todos los que están en el salón. Si yo no supiera que son creyentes maduros que aman la Palabra de Dios y saben cómo escuchar su voz, no habrían sido seleccionados como ancianos (compartiré más sobre este proceso en el capítulo titulado "Ancianos saludables espiritualmente"). Si no estamos de acuerdo en algo lo tomamos como una señal de que necesitamos seguir orando y buscando a Dios. Tal vez es la movida correcta, pero no el momento correcto. O tal vez Dios tiene algo mejor preparado para nosotros

Como líder individual de la iglesia, no soy pasivo en cuanto a su dirección. Yo dirijo. Pero también estoy preparado para sujetarme si la junta de ancianos no está en total acuerdo con lo que yo he propuesto.

Esto significa que yo asisto a las reuniones de ancianos creyendo de buena fe que el Señor me ha comunicado algo en relación con nuestra dirección, nuestros valores, o algún proyecto. Digo claramente y sin reservas: "Creo que Dios me ha dicho esto". Pero debo mostrarme igualmente dispuesto a mantener lo que creo con la mano abierta. Yo no puedo llegar a la reunión diciendo algo como: "Muchachos, creo que Dios quiere que hagamos tal o cual cosa, pero estoy dispuesto a renunciar a esa idea si ustedes consiguen cómo sacármela de la cabeza". Obviamente no puedo sugerir eso porque tengo la certeza de que el Señor me lo ha comunicado y en ese caso no hay lugar para otras alternativas u puntos de vista.

Un líder de mano abierta entra a la reunión de ancianos y dice: "Muchachos, creo que Dios quiere que hagamos esto, pero tenemos que orar juntos y conversarlo. Veamos si ustedes están de acuerdo". La junta podría decidir que en verdad el Señor me ha comunicado el asunto, pero que aún no es el momento adecuado. O tal vez el alcance de lo que el Señor quiere es mayor o menor de lo que yo he pensado. Nuestra opinión podría terminar siendo simplemente: "Juntémonos y busquemos al Señor en unidad". En esa circunstancia yo estoy al mando, pero no estoy dominando. Y si lo estoy haciendo con la motivación correcta, me someto al grupo si no hay un acuerdo absoluto.

"¿Alguna vez ha pasado eso en la Iglesia Gateway?", preguntará usted.

Por supuesto que sí. Ocurre raramente, pero hemos tenido ocasiones en las que he tenido que aplazar algo o someterme al grupo porque uno o más miembros tienen preocupaciones sinceras sobre algún plan de acción. Tal vez uno de los miembros de la junta de ancianos no ve el asunto como lo ve el resto del grupo. Debo decir que el hecho de que solo avancemos cuando hay unanimidad nos hace tomar muy seriamente el uso de nuestra capacidad de veto. Por tal motivo, puede ocurrir que un miembro tenga cierta reserva sobre un asunto en el que el resto del grupo está de acuerdo, pero a menos de que sienta una fuerte convicción de no hacerlo, cede su voto a favor de la mayoría. No obstante, cada quien sabe que su opinión es valiosa y que se espera que la comparta, incluso si es contraria a lo que los demás piensan.

Estas situaciones son poco comunes porque nos esforzamos en ser diligentes en nuestras oraciones y en la adoración en grupo. La norma es que todos estemos en la misma página espiritualmente hablando. Pero esto solo es posible en una atmósfera de confianza mutua, de respeto por las funciones del pastor y de los ancianos, y de humildad delante de Dios.

Este es el secreto de la "tensión santa". Pasemos ahora a ver algunas implicaciones prácticas de este modelo.

25

Un pastor saludable

Durante estos años, en la Iglesia Gateway hemos invertido una enorme cantidad de tiempo discutiendo, pensando, orando, y buscando sabiduría del cielo sobre cómo poder implantar una estructura y un gobierno eclesiásticos saludables. En las siguientes páginas compartiré parte de nuestro conocimiento colectivo sobre este tema. Obviamente, aún no hemos terminado. Cada semana aprendemos algo nuevo.

No obstante, creemos que hay dos elementos que tienen que estar presentes si la iglesia va a funcionar con un equilibrio saludable entre un liderazgo personal y un liderazgo plural. Lo primero es obvio: usted necesita tener el tipo de pastor principal correcto.

Por supuesto, esto presenta la pregunta de qué es un pastor *correcto*. El hecho es que Dios llama a una amplia variedad de personalidades y temperamentos a ocupar este puesto. Hay grandes pastores con todo tipo de orígenes. Pero en medio de esa diversidad, he notado importantes rasgos comunes entre aquellos que se destacan.

En primer lugar, un pastor excepcional es un visionario. Nada es más importante que su capacidad de recibir, comunicar, e implementar exitosamente la visión de Dios para la iglesia. Y aunque esa visión sea implementada y llevada a cabo por un grupo de pastores, tanto voluntarios como contratados, esta debe comenzar con el pastor principal.

Yo creo que, con raras excepciones, esta visión siempre es *recibida* por una persona y confirmada y clarificada por un *grupo*. Este es el patrón que encontramos en las Escrituras. Dios llamó la atención de Moisés con la zarza ardiente, y luego lo envió a los israelitas para que les comunicara su plan. El Señor le comunicó un plan de ataque a Josué, y este compartió con los ancianos de Israel la aparentemente absurda idea de marchar alrededor de la ciudad de Jericó durante varios días. El Espíritu Santo le comunicó a Pedro en sueños que el evangelio también era para los gentiles, y luego Pedro llevó esa revelación al resto de los apóstoles y a la iglesia en general. Lo mismo ocurre hoy.

Secretos para una iglesia de bendición

> La visión siempre es *recibida* por una persona y confirmada y clarificada por un *grupo*. Este es el patrón que encontramos en las Escrituras. El pastor principal debe ser el principal visionario.

> "Además dijo Dios a Moisés: Así dirás a los hijos de Israel" (Éx. 3:15).

Pero los visionarios no son infalibles. Nosotros no estamos inmunes a mezclar nuestras prioridades, nuestros planes, y nuestras preferencias con lo que el Señor está diciendo. Es por esto que otra característica vital en el pastor principal es la que describí más temprano de mantener la visión con una mano abierta.

Para ese fin, el pastor debe ver a los ancianos como la confirmación de la voz de Dios. Si un pastor comienza a ver a los ancianos como un jurado que tiene que ser persuadido por medio de su encanto y sus cualidades oratorias, o como adversarios que deben ser derrotados mediante estrategias elaboradas o la simple fuerza de voluntad, ocurrirá invariablemente un quiebre de autoridad y progreso.

El pastor es responsable delante de Dios para comunicarles a los ancianos la que él cree es la intención de Dios en cuanto a la dirección de la iglesia. Él comunica de manera clara y directa lo que le parece correcto, bíblico, y oportuno. Entonces, manteniendo lo que ha dicho con una mano abierta, somete el resultado de la discusión de los ancianos a la voluntad de Dios.

Pero Robert, dirá usted, *¿y si los ancianos se equivocan?*

Confíe en Dios. Descanse en el conocimiento de que Él es lo suficientemente grande como para corregirlos (cuando veamos las capacidades y características de los buenos ancianos en el siguiente capítulo, nos daremos cuenta de que ellos tienen que entender que son responsables delante de Dios por su participación a la hora de escuchar y seguir al pastor principal). Esto forma parte de la belleza de operar en un sistema en el que el pastor principal y los ancianos deben estar de acuerdo unánimemente en todas las decisiones. Da mucho que pensar saber que usted como individuo tiene la capacidad de evitar que una iniciativa del Reino de Dios siga adelante.

La capacidad de liderazgo es otra característica fundamental que debe poseer el pastor principal para mantener un equilibrio saludable. A través de la predicación, la enseñanza, y la comunicación, el pastor principal debe ser capaz de instruir, inspirar, y motivar a la congregación para que acepte y responda a la voluntad y la visión de Dios para ellos mismos y la iglesia.

Finalmente, ningún sistema de gobierno eclesiástico podrá funcionar con un equilibrio saludable si el pastor principal no es una persona de una enorme integridad personal. Por supuesto, debe ser un buen ejemplo para la congregación, para su equipo, y para los ancianos. Pero como ya dije, es mucho más importante que muestre una vida personal intachable en cuanto a lo moral. Su matrimonio, su familia, sus actitudes, su manera de interactuar con los demás, su vida espiritual, y su ética de trabajo son elementos importantes de la plataforma de autoridad en la que se encuentra el pastor principal.

26

Ancianos saludables espiritualmente

En el capítulo previo mencioné dos elementos que deben estar presentes si se quiere mantener un equilibrio de autoridad y responsabilidad saludable en el gobierno de la iglesia. El primero es contar con el pastor principal correcto. Ya estudiamos las características que debe poseer un pastor para que el modelo de liderazgo personal conjuntamente con el liderazgo plural funcione efectivamente. Ahora examinaremos el segundo de estos elementos: un cuerpo de ancianos saludable.

No le sorprenderá saber que le hemos dedicado la misma cantidad de tiempo y análisis a la investigación de aquello que conforma un extraordinario cuerpo de ancianos, que la que hemos dedicado a investigar lo que conforma a un excelente pastor. En su libro *Liderazgo audaz*, Bill Hybels lo resume magistralmente en tres palabras: carácter, compenetración y aptitud. Permítame explicar cada una de ellas.

CARÁCTER

La Biblia no nos deja preguntándonos cuáles son las características que un buen anciano debe poseer. Quienes aspiren a ocupar esta posición en la Iglesia Gateway, deben exhibir el carácter bíblico del anciano.

"La siguiente declaración es digna de confianza: Si alguno aspira a ocupar el cargo de anciano en la iglesia, desea una posición honorable'. Por esta razón un anciano debe ser un hombre que lleve una vida intachable. Debe serle fiel a su esposa. Debe tener control propio, vivir sabiamente y tener una buena reputación. Con agrado debe recibir visitas y huéspedes en su casa y también debe tener la capacidad de enseñar. No debe emborracharse ni ser violento. Debe ser amable, no debe buscar pleitos ni amar el dinero. Debe dirigir bien a su propia familia, y que sus hijos lo respeten y lo obedezcan. Pues, si un hombre no puede dirigir a los de su propia casa, ¿cómo podrá cuidar de la iglésia de Dios? Un anciano no debe ser un nuevo creyente porque podría volverse orgulloso, y el diablo lo haría caer. Además, la gente que no es de la iglesia debe hablar bien de él, para que no sea deshonrado y caiga en la trampa del diablo" (1 Tim. 3:1–7, NTV).

"Y establecieses ancianos en cada ciudad, así como yo te mandé; el que fuere irreprensible, marido de una sola mujer, y tenga hijos creyentes que no estén acusados de disolución ni de rebeldía. Porque es necesario que el obispo sea irreprensible, como administrador de Dios; no soberbio, no iracundo, no dado al vino, no pendenciero, no codicioso de ganancias deshonestas, sino hospedador, amante de lo bueno, sobrio, justo, santo, dueño de sí mismo, retenedor de la palabra fiel tal como ha sido enseñada, para que también pueda exhortar con sana enseñanza y convencer a los que contradicen" (Tit. 1:5–9).

COMPENETRACIÓN

En la Iglesia Gateway los oficios de los ancianos son llevados a cabo otorgándole el mayor valor a la unidad. Unidad, sin embargo, no significa resignación. La unidad bíblica provee un ambiente saludable para expresar de manera abierta y sincera las opiniones. La atmósfera debe promover la diversidad de puntos de vista. Una junta de ancianos llena de hombres dóciles inclinados solo a decirle que sí a todo no puede mantener su fin de preservar el delicado equilibrio entre el liderazgo personal y el liderazgo plural.

La unidad verdadera y duradera surge cuando se coloca la relación por encima de los logros grupales, las satisfacciones personales, o las simples ideas propias. En la junta de ancianos de Gateway tenemos un dicho que encapsula esta verdad: "La relación es más importante que los problemas".

Creo que al mantenernos unidos nos estamos abriendo a las bendiciones de Dios. De hecho, eso es precisamente lo que se dice en el Salmo 133:1: "¡Mirad cuán bueno y cuán delicioso es habitar los hermanos juntos en armonía!".No es casualidad que el versículo final de ese corto capítulo declare: "Porque allí envía Jehová bendición,

Y vida eterna" (v. 3).

La unidad es primordial. Por supuesto, yo sé que este no es un concepto muy revolucionario que se diga. Muchas juntas de ancianos y cuerpos de diáconos valoran la unidad y se esfuerzan por alcanzar la armonía. Sin embargo, hay algo en nuestro modelo que encuentro muy poco común. Se trata de que nuestro objetivo no es alcanzar la unidad buscando la manera de estar de acuerdo. El objetivo es tratar de estar de acuerdo con Dios. Cuando todos escuchamos de manera clara y segura lo que el Espíritu de Dios nos está diciendo, la unidad es el resultado natural.

Es muy posible que un grupo esté de acuerdo entre sí, y aun así que no esté siguiendo la voluntad de Dios. ¡Todo el grupo puede estar equivocado! Estar unidos en algo que contraría lo que Dios dice no nos llevará a ninguna parte. Es por ello que el objetivo de los ancianos es lograr la unidad con el Espíritu Santo y escuchar su voz.

Secretos para una iglesia de bendición

La unidad verdadera y duradera surge cuando se coloca la relación por encima de los logros grupales, las satisfacciones personales, o las simples ideas propias. Recuerde: "La relación es más importante que los problemas".

"Y la multitud de los que habían creído era de un corazón y un alma; y ninguno decía ser suyo propio nada de lo que poseía, sino que tenían todas las cosas en común" (Hch. 4:32).

APTITUD

La tercera cosa que buscamos en los candidatos a ancianos es cierto nivel de aptitud. Lo primero y principal es que queremos ver que la persona está apta para dirigir.

Alguien dotado de esta forma tendrá la tendencia a sentir gozo y satisfacción en el proceso de revisión de cualquier proyecto. Este es precisamente el motivo por el cual algunos de los ancianos que no forman parte de nuestro equipo son dueños de negocios exitosos. Quien posee este don también tiene la capacidad de ver el cuadro completo, en vez de fijarse solo en uno o dos aspectos del ministerio. Entenderá y respetará la estructura de autoridad establecida, y se mostrará dispuesto a trabajar en ella. Buscamos hombres que estén seguros de sí mismos y de quiénes son en el Señor. ¿Por qué? Porque el anciano debe ser capaz de aceptar críticas sobre decisiones importantes sin cambiar de parecer o responder descortésmente debido a la presión. Debe ser capaz de defender su posición sin sentirse intimidado o amenazado por la oposición.

Finalmente, buscamos individuos que tengan corazones leales. Que durante su gestión directiva muestren públicamente su apoyo al pastor y a los ancianos, así como a la congregación. Permítame repetir algo: No podemos confundir valorar la calidad de la lealtad con buscar personas que autoricen cualquier cosa que el pastor proponga. Solo quiero decir que el anciano debe ser capaz de defender las decisiones del grupo y de afrontar los desacuerdos con un espíritu benigno.

Mientras conduce los asuntos de la iglesia, el anciano debe mostrar un temperamento que exprese con honestidad los desacuerdos, y representar sus opiniones de manera honrada y respetuosa. Un espíritu contrario a este no puede ser tolerado.

CÓMO EVITAR EL VENENO DE LA POLÍTICA

Pocas cosas resultan más venenosas para el tipo de unidad y equilibrio que buscamos para nuestro gobierno eclesiástico que aquello que yo llamo el espíritu político.

No me estoy refiriendo a la política en el sentido de republicanos contra demócratas, o de preferencias políticas conservadoras contra liberales. Me refiero a una serie de actitudes y prácticas que ocurren al tratar de ganarse a los miembros del cuerpo gobernante para que apoyen cierto punto de vista. Hacer campaña, ejercer presión política, y el ofrecimiento de dádivas son todas actividades comunes en una democracia donde gobierna la mayoría. Pero la iglesia no es una democracia, y no debería serlo, a pesar de la creencia generalizada de muchos cristianos y el modelo de dirigencia de decenas de miles de iglesias. Precisamente por eso es que la junta de ancianos de Gateway ha sido constituida para operar solo cuando hay unanimidad en vez de aplicar la decisión de la mayoría. Un gobierno basado en el voto de la mayoría inevitablemente se verá impregnado de política y de maniobras políticas.

Pero la mentalidad democrática puede filtrarse y envenenar el ambiente de gobierno de otras maneras. Por ejemplo, no es inusual que diferentes grupos de intereses en la iglesia se sientan convencidos de que sus fines necesitan representación en la junta de ancianos.

No me malinterprete. Yo me siento agradecido por la forma de gobierno representativo que tenemos en Estados Unidos en el que elegimos a hombres y mujeres para que representen nuestros puntos de vista y valores en la legislatura nacional. Pero esta es una terrible manera de dirección eclesiástica. Sin embargo, vivimos en una era de "identidad política" en la que muchos de nosotros hemos crecidos acostumbrados a vernos como miembros de uno o más grupos ofendidos porque no han recibido su cuota de participación. Ese paradigma se cuela Cada vez más en la iglesia.

Los pastores, o el cuerpo de ancianos o diáconos escuchan rutinariamente quejas de que no hay nadie en la junta que represente los puntos de vista y las necesidades de _____ (llene el espacio en blanco con su elección: *los jóvenes, las personas de la tercera edad, los padres de niños pequeños, las madres solteras, las personas zurdas*, etc.).

Es por ello que nos parece vital que los ancianos eviten caer en la trampa sutil, pero divisiva de la politiquería. En otras palabras, un anciano no puede darse el lujo de que lo vean como un representante de las necesidades de un grupo o facción en la iglesia. No puede dar la imagen de ser un campeón de algún interés particular que quiera ver cambios en ciertas cosas. La responsabilidad del anciano es escuchar lo que Dios le comunica en cuanto a la visión, dirección, y atención de la congregación, y luego armonizar lo que él cree que Dios la ha dicho con lo que el pastor y otros ancianos creen haber escuchado de Dios.

Sin duda esto puede significar buscar y escuchar algunas veces las necesidades y preocupaciones de los miembros de la congregación, pero no significa que el anciano es responsable de representar esas necesidades y deseos ante el cuerpo de ancianos. Por el contrario, su responsabilidad es atenderlos y guiarlos como vocero del cuerpo de ancianos.

Es igualmente importante que el anciano no opere secretamente o fomente divisiones afuera de las reuniones, como por ejemplo llamando a los miembros de la iglesia para ver qué opinan sobre un asunto determinado. O invitando a otros ancianos o miembros del equipo pastoral a almorzar con el único propósito de presionarlos para que apoyen una posición determinada. Este comportamiento político le hace daño a la obra ministerial.

De igual manera, un anciano saludable no operará de manera reflexiva o consistente si se muestra desconfiado o escéptico. Jamás se proclamará centinela o asumirá el papel de vigilante de la iglesia, del pastor, de las finanzas, de cualquier otro aspecto del ministerio.

El buen anciano tendrá un espíritu de amor, fe, humildad, integridad, y servicio. Cuando un anciano ya no confía en la capacidad que Dios tiene de expresarse a través de las voces combinadas del pastor y de los otros ancianos, y por el contrario siente que debe desconfiar de los demás, está demostrando que su manto de gobierno para la iglesia ya no está sobre él. Dios no trabaja en la división y la desunión.

27

La relación entre el pastor y los ancianos

En mis conversaciones con otros pastores durante todos estos años, he escuchado una anécdota particular que se repite muchas veces con ligeras variaciones. La historia es más o menos así:

> Un empresario exitoso se une a la iglesia junto con su familia, e inmediatamente comienza a participar positivamente en la vida del cuerpo eclesiástico. Él no es solo un dador generoso y fiel, sino que también da de su tiempo y energías. Claramente ama a la iglesia, y también a mí, que soy su pastor. Un día lo conozco, y entablamos una sólida amistad.
>
> Con el tiempo me voy dando cuenta de que este hombre podría ser un estupendo anciano para la iglesia. Sabe de finanzas y de crecimiento organizacional, ¡y además me admira! Así que, llegada la oportunidad, lo postulo para el cuerpo de ancianos. Sin embargo, de repente este maravilloso amigo y seguidor se convierte en una persona completamente distinta. De un día para otro el que era mi seguidor se convierte en mi adversario, cuestionando todo lo que hago y desafiando cada iniciativa que propongo. Un día era un labrador retriever, y al otro día era un pit bull.

En reuniones con pastores en las que he hablado, he explicado esta situación del "doctor Jekyll y el señor Hyde" y he preguntado si alguno de los presentes en el recinto ha tenido esa clase de experiencia. Invariablemente se levantan manos por todo el lugar. Una asombrosa cantidad de pastores consideran estos encuentros como la peor parte de su trabajo.

¿Por qué ocurre tanto esto? Hay varios motivos, y los explicaré en breve. Pero más importante aún, explicaré cómo nuestro método de gobierno eclesiástico de liderazgo personal y plural ha minimizado la posibilidad de que este fenómeno ocurra, y nos ha ayudado a aplacarlo en las raras ocasiones que ha asomado su cabeza.

Una de las causas de este fenómeno del doctor Jekyll y el señor Hyde es que las características de personalidad y temperamento que producen líderes fuertes en el mundo corporativo, así como emprendedores exitosos en el mercado laboral, pueden producir ancianos que traten de dominar, controlar, y transformar a la iglesia a su propia imagen si no están completamente sometidos al Espíritu Santo. Los hombres que comienzan y desarrollan exitosamente sus propios negocios, conjuntamente con aquellos que ascienden de posición en el escalafón corporativo, tienen la firme tendencia a ser individuos "D" en el popular modelo de evaluación del temperamento DISC. En este modelo, la *D* corresponde a "dominio", o una persona dominante. Aquellos cuyo resultado en este modelo es D, son personas generalmente orientadas al éxito. Desean arreglar todo lo que los rodea, y no evitan los conflictos para imponer su voluntad. Estas características impulsan el éxito de estas personas.

En otras palabras, las mismas características que hacen que un hombre sea atractivo y valioso como anciano, pueden hacer que sea una pesadilla para dirigirlo. Esa es la razón por la cual algunas veces los pastores tienen cuerpos de ancianos llenos de individuos que solo están luchando con él y con los demás ancianos por el control. En varias ocasiones he escuchado decir a mi amigo y mentor, el Dr. Jack Hayford, que todas las disfunciones en la dirección de una iglesia se resumen a un asunto de poder y control.

Aquellos que mantienen negocios exitosos tienden a ser expertos en hacer que otros se junten alrededor de su visión personal. Sienten una profunda satisfacción convenciendo a otros a comprar esa visión, y luego contemplando cómo esta se hace realidad.

Secretos para una iglesia de bendición

las mismas características que hacen que un hombre sea atractivo y valioso como anciano, pueden hacer que sea una pesadilla para dirigirlo. Esa es la razón por la cual algunas veces los pastores tienen cuerpos de ancianos llenos de individuos que solo están luchando con él y con los demás ancianos por el control.

"¿Quién es sabio y entendido entre vosotros?
Muestre por la buena conducta sus obras en sabia mansedumbre" (Stg. 3:13).

Sin un modelo gubernamental y espiritual que canalice debidamente estas tendencias, es inútil pensar que estos hombres simplemente cambiarán estas características al entrar a la directiva de la iglesia. Como ya sugerí, yo creo que el modelo de liderazgo personal y grupal es el que puede lograrlo. Eso en términos generales, pero, ¿qué podemos decir de los detalles? A continuación presento algunos principios básicos y otros detalles relacionados con la puesta en práctica de este modelo en la vida diaria.

EL PASTOR, LOS ANCIANOS Y LA ADMINISTRACIÓN DE LA IGLESIA

Un adagio dice: "Buenas cercas, buenos vecinos". Y estas palabras son sabias. Cuando todos tienen claros los límites de sus responsabilidades desde el principio, las posibilidades de confusión, conflictos, y disfuncionalidad se reducen enormemente. Esto es particularmente válido en las operaciones diarias de la iglesia.

En la Iglesia Gateway hemos establecido límites claros en la autoridad en relación a asuntos importantes como la administración del equipo pastoral y la corrección de errores en la congregación. A continuación presento algunos ejemplos de estos límites.

La autoridad de los ancianos

El manual de gobierno de la Iglesia Gateway lo describe así: "El cargo de anciano es un cargo de dirigencia que conlleva responsabilidades y recompensas espirituales". En Gateway el anciano solo tiene autoridad *para decidir* cuando está reunido para tratar temas relacionados con la iglesia. En las reuniones los ancianos tienen la oportunidad de hablar de los temas concernientes a la iglesia y expresar sus opiniones sobre los métodos, los resultados, o el personal. Sin embargo, apenas salen del salón de reuniones esa autoridad gubernamental o administrativa culmina. La única autoridad que permanece es la autoridad *ministerial*. El anciano tiene autoridad ministerial en todo momento y en cualquier contexto relacionado con la iglesia.

Un ejemplo específico puede ayudarlo a entender esta diferenciación. Un problema que está ocurriendo con un miembro del equipo pastoral va a ser tocado en la junta de ancianos. En ella se de discutirán las posibles soluciones y las acciones que se llevarán a cabo. Cualquier anciano que opere bajo la autoridad de gobierno de la junta tiene la libertad de ofrecer su punto de vista u ofrecer una solución durante la reunión.

Esto recae claramente sobre la autoridad de gobierno de la junta de ancianos. No obstante, la ejecución y el seguimiento del curso de acción aprobado por la junta solo le pertenece al pastor principal y a la jerarquía que opera bajo su autoridad administrativa. Es decir, una vez que el anciano sale de la reunión, está fuera de los límites en los que puede intervenir directamente en ese problema de personal.

Finalmente, muchas iglesias tienen ancianos para la supervisión espiritual, pero una junta tradicional para la supervisión de las finanzas de la iglesia. Yo no creo que esta es la manera correcta de hacer las cosas, básicamente porque declara algo que no es bíblico: que el dinero y las finanzas no son asuntos espirituales. Nosotros pensamos que cada aspecto de la vida y el funcionamiento de la iglesia es naturaleza espiritual. La visión (que es espiritual) conlleva a tomar decisiones financieras. No se puede hacer al revés; es decir, que las finanzas determinen su visión.

La autoridad ministerial de los ancianos

¿Qué implicaciones exactas tiene la autoridad ministerial del anciano? Esta incluye comunicar el sentir y la visión del liderazgo al cuerpo de la iglesia. También incluye enseñar, ministrar, y exhortar a la feligresía. Y por supuesto implica modelar y mantener una norma de comportamiento bíblico en la iglesia.

También creemos que el Señor les ha dado a los ancianos la responsabilidad de proveer tutela espiritual a quienes se unen a la iglesia. Esto en consonancia con el mandato de 1 Pedro 5:2 a "apacentar la grey de Dios". Nosotros obviamente no creemos que Dios les ha dado a los ancianos una responsabilidad o autoridad absoluta sobre la vida de los miembros individuales, pero creemos que hay tres aspectos específicos en los que son responsables de la supervisión espiritual:

1. En los casos de pecados flagrantes y abiertos (ver 1 Co. 5:1–2).

2. En los asuntos relacionados con errores doctrinales (ver 2 P. 2:1–22).

3. Cuando existen divisiones o conflictos dentro de la congregación (ver Tit. 3:9–11).

En una iglesia saludable, la necesidad de este tipo de intervención es infrecuente. Pero cuando es necesario, estos asuntos deben manejarse bíblicamente, con humildad y compasión, y con el objetivo de restaurar a la persona.

Nosotros nos esforzamos en reunirnos con el miembro al que haya que afrontar por este tipo de problemas. Nuestro deseo es ayudar a nuestros miembros a alcanzar la madurez a través de una orientación compasiva. El modelo bíblico para afrontar y corregir estos problemas no tiene el objetivo de castigar a la persona sino de proteger al cuerpo de Cristo de las consecuencias del pecado persistente. La autoridad bíblica no es una licencia para ejercer control, sino una responsabilidad para ejercer la influencia a fin de que se cumpla la voluntad de Dios.

La autoridad administrativa del pastor

¡Equilibrio! Ya describí que lo ideal es que exista una santa tensión entre el liderazgo plural de los ancianos y el resto del equipo por una parte, y el liderazgo individual y visionario del pastor principal por la otra. Y también estudiamos las atribuciones y limitaciones de los ancianos de la Iglesia Gateway para mantener este equilibrio. Permítame ahora decir unas cuantas palabras sobre el papel del pastor en esta ecuación.

Creemos que el pastor principal debe ser el líder incuestionable de la iglesia en todo momento. Sin embargo, también creemos que él ejerce como representante de la mente y el corazón corporativo de los ancianos, tanto del equipo como de la congregación. En otras palabras, el pastor principal es el que conecta a los ancianos con la gente.

Por supuesto, un equilibrio saludable solo es posible en una atmósfera de integridad y respeto mutuo con el cuerpo de ancianos. Como líder individual de la entidad, el pastor principal tiene la importantísima tarea de crear esa atmósfera llevando a los ancianos de manera habitual a la presencia del Señor mediante momentos de adoración, oración, comunión, e impartición de sus motivaciones.

En nuestro modelo de gobierno eclesiástico, tanto el equipo como la administración diaria de la iglesia están bajo la dirección del pastor principal, y las tareas son llevadas a cabo por quienes él delega. El pastor principal es el líder individual del equipo y la voz del cuerpo de ancianos ante la congregación. Esto evita que haya oportunidad para que ocurran confusiones, divisiones, y fragmentaciones cuando los ancianos tienen la libertad de intervenir directamente en la operación de la organización.

El pastor principal sirve como cabeza de la junta de ancianos. Yo también soy un anciano en todos los sentidos, pero especial. Soy jefe entre iguales. Como cabeza de los ancianos soy responsable de preparar la agenda de las reuniones y de dirigir esas reuniones. Es mi responsabilidad estar pendiente de que los ancianos estén informados de todos los asuntos importantes, así como de la dirección actual de la iglesia. Como ya dije, tomamos todas las grandes decisiones de manera unánime en vez de por mayoría de votos.

En Gateway el liderazgo no se muestra controlador o usurpador de la autoridad del pastor principal para dirigir la iglesia. Hay una cadena de mando clara que se refleja en el organigrama de la iglesia, y los ancianos nunca se inmiscuyen en esa cadena. Los ancianos no dictan lo que yo tengo que predicar, pero yo estoy dispuesto a escuchar lo que el Espíritu Santo les dice a ellos. Y si ellos perciben ciertas necesidades o desafíos extendidos en el cuerpo eclesiástico, obviamente yo debo escucharlos.

¿Qué podemos decir de los límites en las funciones del pastor? En nuestro modelo de gobierno, el pastor principal sirve entre parámetros claros que están descritos en el reglamento de la iglesia, el cual es revisado de manera periódica por la junta de ancianos. Estos límites son para que el pastor cuente con dos cosas importantes: protección y responsabilidad. Estas dos cosas son precisamente las que tiramos por la ventana cuando un pastor crea su iglesia ideal llenando la junta de amigos y familiares dispuestos a decirle amén a todo lo que él proponga.

En nuestro sistema de gobierno, cualquier anciano activo puede, al igual que yo, nominar a alguien para el cargo de anciano. Los nuevos ancianos deben ser aprobados por todos los ancianos. Esto significa que si un anciano conoce algún motivo por el cual el puesto de anciano podría sobrepasar las capacidades de un aspirante, este puede expresar su desaprobación. Yo tengo muy claro que un pastor principal sabio debe buscar ancianos que posean las calificaciones que describí anteriormente, en vez de buscar individuos que le digan que sí a todo lo que él quiera hacer. Tengo la suficiente sensatez para saber que, si hago eso, me estaré privando de la supervisión y responsabilidad que todo ser humano falible necesita. Y cuanto más grande sea mi visión y mi llamado, más responsabilidad y supervisión necesitaré.

Dicho de otra manera, cualquier límite que tenga el pastor principal debe ser lo suficientemente amplio como para darle autoridad real para dirigir la iglesia, incluyendo autoridad para llenar posiciones vacantes y despedir personal si es necesario. Desde luego, la oración debe guiar todas las decisiones tanto de los pastores como del cuerpo de ancianos. Cuanto mayores sean las decisiones, más tiempo para orar y buscar al Señor debe incluirse en el proceso de toma de decisiones. Y valorar la relación por encima de los asuntos debatidos también contribuirá en gran medida en mantener la armonía en el debate, y prevenir que las desavenencias se conviertan en asuntos personales.

28

Los ancianos que forman y que no forman parte del equipo, y los ancianos apostólicos

Hay un aspecto importante del modelo de gobierno que hemos adoptado en la Iglesia Gateway que aún no hemos examinado. Este tiene que ver con el hecho de que hay tres tipos de ancianos sentados en nuestra junta de ancianos. Algunos son miembros del equipo pastoral de Gateway; es decir, son empleados de la iglesia. Otros son laicos que, a pesar de que son miembros activos de la iglesia, no son empleados de Gateway. Con el propósito de ser claro y breve, me referiré a estos respectivos grupos como "ancianos del equipo", y "ancianos que no son del equipo". Además, hay otro tercer grupo de ancianos que tampoco forman parte del equipo ni son miembros de la iglesia. Pero de estos últimos hablaré más adelante.

Los ancianos que son y los que no son del equipo

Con el paso de los años, nuestro modelo de junta de ancianos ha evolucionado. Hoy nos esforzamos en que haya un equilibrio entre los ancianos que son y los que no son del equipo en la junta. Pero al principio este no era el caso. Durante los primeros años de existencia de Gateway, nuestra junta de ancianos estaba compuesta por diversos hombres consagrados y exitosos del mundo de los negocios y las finanzas. Se trataba de líderes fuertes con personalidades fuertes.

Uno de ellos era Steve Dulin, un gran amigo y hermano cuya sabiduría sobre el tema ha sido de gran valor en la creación de esta sección de *Una iglesia de bendición*. Steve fundó y desarrolló una exitosísima empresa de construcciones. Luego vendió la empresa y se dedicó al ministerio a tiempo completo.

Steve es también un orador frecuente en nuestras conferencias de pastores, especialista en el tema de las juntas de ancianos. A continuación le dejo, en las propias palabras de Steve presentadas en una de estas conferencias, su perspectiva en relación con la manera en que nuestra junta de ancianos funcionaba en esos primeros días en los que aún estábamos buscando nuestro camino:

> Yo he sido muy bendecido en mis negocios, y al principio creía que si sabía cómo manejar un negocio, entonces también sabía cómo manejar una iglesia. Estaba equivocado. Me di cuenta de cuán peligrosa y común es esta creencia entre aquellas personas que como yo, tenemos negocios.
>
> El resto de los integrantes de la junta de ancianos también eran tipos muy exitosos, cada uno en sus campos de trabajo. Uno era dueño de una de las mayores empresas de desarrollo comercial del suroeste del país. Estaba acostumbrado a emprender proyectos de cientos de millones de dólares. Otro había sido dueño de casi una docena de concesionarios de venta de vehículos a lo largo del norte de Texas.
>
> En otras palabras, teníamos a varios pesos pesados. Pero desafortunadamente, éramos una iglesia muy joven, y teníamos nuestras propias visiones de lo que la iglesia debía hacer y lo que debía ser. Incluyendo la del pastor Roberts, teníamos al menos cuatro visiones compitiendo y, como era de esperarse, comenzamos a tener ciertos problemas que llegaron a agravarse.
>
> Las personas que saben que yo he estado en Gateway desde sus inicios me han preguntado si alguna vez tuvimos problemas o dificultades en lo que respecta al liderazgo. Mi respuesta es: "Claro que hemos tenido problemas".
>
> Fue mucho el estrés y la presión producido por el enorme crecimiento que estábamos experimentando, el cual trajo

muchos desafíos. Cada uno de nosotros pensaba que tenía las mejores ideas sobre cómo afrontar esos desafíos.

Usted se estará preguntando qué ocurrió. Bien, ocurrió lo siguiente: Llegó Tom Lance como copastor (el segundo después de Robert) y se unió a la junta de ancianos. Tom se convirtió en un importante factor de equilibrio. Llegó con una influencia paternal y su experiencia en el manejo de una iglesia grande. Por supuesto, nosotros los sabelotodos del mundo de los negocios inmediatamente comenzamos a desafiarlo y a tener diferencias con él. Pero Tom trabajaba con nosotros sabiamente.

Tom y Robert tomaron la decisión de que todos asistiéramos a algo que llamaron un retiro sabático. Se trataba de un retiro en el que por primera vez nos conoceríamos bien. Nosotros pensábamos que nos conocíamos bien, pero no era así. Fue asombroso lo que comenzamos a descubrir de nosotros, y esto produjo una enorme armonía y estabilidad. Desde entonces ciertamente hemos estado en un ascenso constante. Comenzamos a trabajar en unidad, con una relación, y en la misma visión. Dios ha bendecido eso.

Ahora tenemos retiros de ancianos dos veces al año. De allí nació nuestro lema de: "La relación es más importante que los problemas".

Hay algunas verdades importantes en la cita de arriba que quiero resaltar y desarrollar. Por ejemplo, ahora me doy cuenta de que en esos primeros años tenía mucho que aprender sobre cómo dirigir una junta de ancianos, y que como pastor principal mi trabajo es dirigir. Steve menciona que hubo un momento en el que tuvimos cuatro visiones diferentes de la iglesia. Esa es una prescripción para la parálisis. Dios, en su gracia y misericordia, no permitió que nuestra falta de comprensión dañara el crecimiento y la salud general del cuerpo de la iglesia en ese momento. Con el tiempo el Señor nos mostró la clase de orden que ya expliqué en los capítulos anteriores. Específicamente, que la visión solo llega a través de una persona, y esta ha de ser el pastor principal de la iglesia.

Otra razón por la que estuvimos fuera de equilibrio durante nuestros primeros años fue que nuestra junta de ancianos estaba prácticamente compuesta por individuos que no formaban parte del equipo de la iglesia, y que provenían en su mayoría del mundo de los negocios y las finanzas. Como mencionó Steve en su charla, el primer miembro de esa junta con experiencia en el manejo de una iglesia fue Tom Lane. Desde entonces hemos integrado a varios pastores del equipo de la iglesia en la junta de ancianos, según hemos creído conveniente, basándonos en su carácter, su espíritu, y sus talentos.

Pero no me malinterprete. No se trata de cargar la junta de ancianos con personas que vean las cosas a mi manera. Recuerde que nosotros no funcionamos con mayoría de votos. O tenemos unanimidad, o no actuamos. Más bien hemos aprendido el valor de contar con un equilibrio general de ancianos que son y que no son del equipo, aunque no requerimos que sea un estricto cincuenta por ciento. He descubierto que hay un valor enorme en contar con los dos puntos de vista, tanto el de afuera de la organización, como el interno.

Secretos para una iglesia de bendición

Es sabio contar con un equilibrio general de ancianos que son y que no son del equipo. He descubierto que hay un valor enorme en contar con los dos puntos de vista, tanto el de afuera de la organización, como el interno.

"Como aguas profundas es el consejo en el corazón del hombre; mas el hombre entendido lo alcanzará" (Pr. 20:5).

Hay dos funciones especiales que, por razones prácticas, están reservadas para los ancianos que no forman parte del equipo. Una está relacionada con la compensación. Como yo soy el encargado de supervisar a todo el equipo, sería torpe e impropio que estos últimos fueran quienes fijaran mi salario. Como yo participo en la fijación de sus salarios, se crearía un aparente conflicto de intereses si ellos fijaran el mío. Es por ello que el comité ejecutivo de compensación está integrado por ancianos que no forman parte del equipo. Ellos hacen uso de las mejores herramientas, como tablas comparativas y estudios nacionales de compensación para asegurarse de que todos estemos entre los límites permitidos por el Servicio de Impuestos Internos.

Segundo, dos de los ancianos que no forman parte del equipo tienen la tarea asignada de observarme. Steve Dulin, el anciano que no es miembro del equipo que cité anteriormente, así como Gayland Lawshe, han sido designados por Dios, y tienen mi permiso, para monitorear mi bienestar físico, espiritual, y emocional, así como el de mi familia. Esto representa una enorme y valiosa responsabilidad para mí.

De manera frecuente, Steve, Gayland, y yo nos reunimos para almorzar o tomar un café, y les escucho decir cosas como:

- "Entonces, ¿cómo has estado? [...] ¿En serio?".
- "¿Estás descansando lo suficiente? ¿Estás haciendo ejercicio?".
- "¿Cómo está tu relación con Debbie? ¿Cuándo fue la última vez que salieron juntos?".
- "¿Cómo están tus niveles de estrés?".
- "¿Estás delegando lo que puede ser delegado para poder concentrarte en las cosas que solo tú puedes hacer?".
- "¿Estás viajando mucho? ¿Cuántas invitaciones para dar charlas estás aceptando por mes?".
- "¡Déjame ver tu calendario!".

Así fue como Steve describió su función (extraído de la misma presentación que cité anteriormente):

"Si el pastor principal no está bien, es verdaderamente difícil que la iglesia esté bien. Yo creo que mi principal preocupación y responsabilidad en la Iglesia Gateway es la salud y el bienestar del pastor Robert y su familia. Esa es mi carga. Mi trabajo consiste en asegurarme de que él y su familia se sientan animados, fortalecidos, bendecidos, protegidos, y cuidados. Mi trabajo no consiste en asegurarme de que el pastor Robert no cometa errores. De eso se encarga el Espíritu Santo. Mi trabajo consiste en protegerlo. Sostener sus brazos, y ser un escudo para él. Ese es mi trabajo y mi carga. Ese es mi llamado.

Esto es responsabilidad. Esto es atención. Todo pastor principal lo necesita (pero, lamentablemente, no todo pastor lo desea). Sin embargo, alguien que sea miembro del equipo del pastor principal no está en posición de ocupar realizar este trabajo. Esta es una función diseñada para los ancianos que no forman parte del equipo, pero primero tienen que recibir el llamado. Requiere de un extraordinario nivel de transparencia por parte del pastor principal, lo que significa que un enorme nivel de confianza en el anciano es esencial.

LOS ANCIANOS APOSTÓLICOS

Un tercer tipo de anciano juega un papel fundamental en el modelo de gobierno de la Iglesia Gateway. Este anciano no forma parte a tiempo completo del equipo de la iglesia, ni es miembro de la iglesia. Permítame explicarlo.

Yo soy un fervoroso defensor de que la iglesia sea autónoma y tenga libertad para servir a la comunidad de las maneras que crea conveniente. Sin embargo, hay momentos en la vida de la iglesia en los que una opinión externa objetiva, confiable, y acreditada es sumamente útil para su funcionamiento y bienestar. Para esta función nosotros hemos escogido un nombre que suena un poco elaborado: "Responsabilidad translocal", pero yo prefiero llamarlo "anciano apostólico".

Un anciano apostólico es una fuente de consejo y mediación acordada para cuando ocurre alguna clase de estancamiento dentro del cuerpo de ancianos. Según mi punto de vista, tanto el pastor principal como los ancianos deben decidir quién llevará a cabo esta función para la iglesia.

Como recordará, Jimmy Evans de la Trinity Fellowship Church en Amarillo, Texas, cumplió un rol fundamental en la fundación de la Iglesia Gateway. Por tal motivo se nos hizo fácil nombrarlo como nuestro primer anciano apostólico. El Dr. Jack Hayford y James Robison también cumplen funciones importantes en nuestro cuerpo, e igualmente se desempeñan amablemente como ancianos apostólicos de nuestra congregación. Ellos, al igual que Jimmy, son muy respetados por todos. Su integridad, conocimiento de la Palabra, y capacidad de escuchar la voz del Espíritu Santo son indiscutibles. Los tres entienden mi visión y aman a nuestra iglesia. Estas cualidades los hacen idóneos para esta tarea cuyo fundamento es bíblico (ver Hch. 20:28; 1 P. 5:2).

De hecho, esta función está escrita en nuestro reglamento, donde dice que si los ancianos tienen un asunto que no pueden resolver, deben acudir a los ancianos apostólicos, ¡cuya decisión es final!

¿Por qué decimos que estos ancianos son "apostólicos"? Bien, primero que nada creemos que el cargo de apóstol está vivo y vigente aquí en la tierra. Me imagino que usted conoce los cinco dones ministeriales dados a la Iglesia que aparecen en Efesios:

> "Y él mismo constituyó a unos, apóstoles; a otros, profetas;
> a otros, evangelistas; a otros, pastores y maestros, a fin de
> perfeccionar a los santos para la obra del ministerio, para la
> edificación del cuerpo de Cristo, hasta que todos lleguemos
> a la unidad de la fe y del conocimiento del Hijo de Dios, a
> un varón perfecto, a la medida de la estatura de la plenitud
> de Cristo" (Ef. 4:11–13).

Me imagino también que usted sabe que la palabra griega *apostolos* significa literalmente: "delegado, mensajero, o alguien que es enviado a otros". En la historia eclesiástica, la función del apóstol ha sido vista como la de un fundador o supervisor de iglesias. Pero en el Nuevo Testamento también se define como "alguien que pone las cosas en orden". Esta es exactamente la función del apóstol Pablo descrita en 1 Corintios 11:34 cuando corrige a la iglesia en Corinto por sus abusos en la mesa de la comunión: "Si alguno tuviere hambre, coma en su casa, para que no os reunáis para juicio. *Las demás cosas las pondré en orden cuando yo fuere*".

Él venía a poner las cosas en orden porque esa era su función como apóstol.

Dado que nuestro modelo de gobierno eclesiástico estipula que solo podemos avanzar cuando hay unanimidad, siempre existe la posibilidad de que puedan presentarse contiendas. Esto es muy raro, pero no imposible.

Es raro porque nuestro modelo también nos llama a valorar nuestra relación por encima de los problemas, y a orar y adorar juntos de manera habitual. Esto genera una atmósfera de confianza y un respeto mutuo a la capacidad que cada miembro tiene de escuchar al Espíritu del Señor. También es raro en la práctica, porque en la mayoría de las circunstancias, si ocho miembros del cuerpo de ancianos se sienten seguros de algo, y uno de ellos inseguro, este último generalmente cede a favor de los demás, y dice: "Yo confío en ustedes, pero por sobre todas las cosas, confío en el Espíritu Santo que obra en ustedes".

Sí, por otra parte, uno o más miembros que disienten continúan sintiendo su inconformidad, incluso después de haber orado y buscado al Señor adicionalmente, se habrá alcanzado el momento de decidir. El grupo puede decidir simplemente aplazar la iniciativa o proyecto porque no hubo unanimidad. Pero, ¿qué ocurre si la mayoría sigue teniendo la fuerte convicción de que el proyecto es de Dios? En esa circunstancia el grupo puede decidir llamar a uno de los ancianos apostólicos para que intervenga en el asunto.

En Gateway esto no ocurre a menudo, pero cuando ha sido necesario, jamás hemos fallado en encontrar una solución que complazca a todos, y que nos permita seguir adelante en paz y unidad.

Un gobierno de iglesia equivocado es una caja que limita el crecimiento y que causa mucho dolor. ¡El método de gobierno correcto constituye un fundamento sólido y estable que permite que la casa de Dios llegue a desarrollarse y dar frutos en la medida que Dios lo desee!

SEXTA PARTE

Una cultura de bendición

29

Una cultura de poder

¿Quiénes somos? ¿Qué es lo más importante aquí? ¿Por qué cosas somos conocidos? ¿Qué caracteriza a nuestra gente, nuestros planes, y nuestra pasión? ¿Quiénes se pegan a nosotros como pegamento? ¿A quiénes repelemos?

Estas preguntas están relacionadas con nuestra cultura como iglesia. La cultura de una organización no tiene mucho que ver con lo que esta hace, sino con la manera que lo hace. Tiene que ver con los valores, actitudes, prioridades, y paradigmas. Y toda organización, desde las corporaciones globales hasta los hogares de un solo padre, tienen su idiosincrasia. Lo mismo ocurre con la iglesia, aunque usted lo note o no lo note.

Nosotros no deberíamos tener miedo de aprender sobre la importancia que esto tiene en el mundo de los negocios. Apple es ampliamente conocida por mantener una cultura de innovación y creatividad. Las tiendas por departamentos Nordstrom fueron conocidas por su extraordinario servicio al cliente. Y la línea aérea Southwest por su cultura de diversión, la cual es recompensada constantemente con la alta calificación de sus clientes y de sus empleados.

Por supuesto, la cultura organizacional también puede obrar negativamente. Algunos piensan que la cultura de toma de riesgos y de confianza excesiva de Enron fue la que llevó a la empresa a protagonizar uno de los colapsos corporativos más grandes de la historia de Estados Unidos.

La cultura es producto del liderazgo. Esta fluye de arriba hacia abajo y de adentro hacia afuera. Esto es igualmente válido tanto para las iglesias como para las corporaciones. ¿Qué determina su cultura específica como iglesia? Es un producto de lo que usted como líder enfatice, enseñe, modele, mida, financie, celebre, recompense, y castigue. Contar con una cultura eclesiástica no es opcional. Usted puede tener una. Puede moldear el tipo de cultura intencionalmente, y en función de los objetivos, o simplemente dejar "que sea lo que sea".

Secretos para una iglesia de bendición

> Su cultura específica como iglesia es un producto de lo que usted como líder enfatice, enseñe, modele, mida, financie, celebre, recompense y castigue.

> "Lo que aprendisteis y recibisteis y oísteis y visteis en mí, esto haced; y el Dios de paz estará con vosotros" (Flp. 4:9).

En la Iglesia Gateway escogimos actuar intencionalmente. Examinamos cuidadosamente lo que sentíamos que Dios nos había llamado a hacer, y luego hicimos un inventario de las vocaciones que Dios nos ha dado. Por supuesto, todo medido bajo la luz de las Escrituras y de los principios que esta contiene. Lo que emergió fue una imagen clara de cómo sería nuestra iglesia si fuéramos e hiciéramos todo lo que Dios ha puesto en nuestros corazones.

En nuestro caso, significa buscar maneras de cultivar algunos atributos y actitudes clave por toda la organización. Hay muchas, pero cinco de ellas sobresalen en particular porque ayudan a definir quiénes somos como iglesia. Nos hemos propuesto tener:
- Una cultura de generosidad (mayordomía).
- Una cultura de libertad.
- Una cultura de descanso (descanso sabático).
- Una cultura de adoración.
- Una cultura comunitaria.

En las siguientes páginas, expandiré el significado de estas frases y compartiré algunas ideas sobre la manera en que Dios nos ha ayudado a establecer una cultura que encarna todos estos valores.

30

Una cultura de generosidad

Hace diez años publiqué mi primer libro, *Una vida llena de bendiciones*. En este narro el maravilloso recorrido al que Dios nos ha llevado a Debbie y a mí como pareja. Es la historia de nuestra apasionante aventura hacia la mayordomía total, la dadivosidad abundante, el gozo y la provisión milagrosa. En él también explico mucho de lo que Dios me ha enseñado durante años sobre cómo relacionarnos apropiadamente con la abundancia y las posesiones. En otras palabras, escribí un libro sobre cómo recibir bendiciones.

Lo que ocurrió luego me tomó por sorpresa. De hecho me dejó pasmado. *Una vida llena de bendiciones* tocó la fibra de cientos de miles de personas alrededor del mundo. En su primer año, sin una editorial que lo apoyara, distribuyera o promocionara, se vendieron diez mil ejemplares. Luego comenzamos a recibir solicitudes de doscientos, trescientos, mil, e incluso tres mil ejemplares de una sola vez. Resultó ser que muchos pastores lo leyeron y luego quisieron que todos los miembros de sus iglesias lo leyeran. Hoy en día iglesias de una gran variedad de denominaciones le entregan un ejemplar de *Una vida llena de bendiciones* a cada uno de sus nuevos miembros. ¿Por qué?

¡Porque los buenos pastores aman a su pueblo y quieren verlos bendecidos! Esa es sin duda mi deseo por el pueblo que tengo el privilegio de pastorear en Gateway. Quiero que ellos también experimenten esa aventura. Quiero ayudarlos a tener vidas de bendición, con propósito, de paz, y que sean de influencia eterna para Dios. Quiero que conozcan las cosas que los hará recibir bendiciones.

Hacer realidad ese sueño requiere de una cosa: promover y desarrollar una cultura de mayordomía. En la Iglesia Gateway el Señor nos ha bendecido en el alcance de ese objetivo. Muchas personas de afuera de la iglesia me han afirmado que Gateway es una de las congregaciones más generosas y dadivosas que han conocido.

¿Qué es lo que nos hace diferentes? La diferencia mayor radica en que nosotros rechazamos la estrategia más común utilizada hoy en día para que la gente contribuya. Me refiero a la estrategia del "da para que recibas" que se ha convertido en el paradigma por defecto en los últimos años.

Cuando Debbie y yo estábamos comenzando, adoptamos un estilo de vida generoso porque estábamos muy agradecidos con Dios por salvarnos, y porque Él había despertado en nuestro corazón un deseo genuino de ayudar a la gente. Pero nuestra intención al hacerlo no era recibir una retribución por ello.

VÍVALA

Este es el primer secreto para crear una cultura de mayordomía en su iglesia. Usted tiene que *vivirla* primero.

Nosotros les enseñamos a nuestro personal y a los feligreses lo que hemos experimentado personalmente…que dar produce gozo, que es un acto de adoración, y que es la acción que nos asemeja más a nuestro Padre celestial. ¿Recompensa Dios la generosidad y la obediencia? ¡Por supuesto! Pero nosotros siempre les hemos enseñado a nuestros miembros que esta bendición debe ser vista como el subproducto, más que como la motivación, de nuestra dadivosidad. Es algo que nace del corazón, y las bendiciones resultantes de compartir nuestras posesiones materiales no son financieras. Las bendiciones verdaderas abarcan cada aspecto de nuestras vidas.

Yo lo enseño como lo aprendí. Si usted ha leído *The Blessed Life*, sabe que Debbie y yo comenzamos diezmando. Yo sé que diezmar es bíblico, poderoso, y honra a Dios, así que lo enseño sin reservas. A la acción de diezmar le hemos añadido también la práctica de ayudar económicamente a personas y ministerios según el Espíritu Santo nos vaya mostrando. Esto a veces ha requerido que demos de manera valiente, abundante, e incluso drástica. No quiero alardear, sino ilustrar lo que estoy diciendo. Nosotros hemos regalado más de quince vehículos y una casa durante nuestra vida de casados. En más de una ocasión hemos vaciado nuestras cuentas de ahorros, y el dinero de nuestro retiro para obedecer un mandato del Señor.

Por supuesto, nuestro fiel Dios siempre nos ha restaurado todo abundantemente. Pero fue divertido. Sostener con la mano abierta todo lo que Dios le ha confiado es una emocionante aventura.

Secretos para una iglesia de bendición

Nosotros siempre les hemos enseñado a nuestros miembros que esta bendición debe ser vista como el subproducto, más que como la motivación, de nuestra dadivosidad. Es algo que nace del corazón.

"Porque Jehová no mira lo que mira el hombre; pues el hombre mira lo que está delante de sus ojos, pero Jehová mira el corazón" (1 S. 16:7).

He compartido todo esto porque nosotros hemos manejado a la Iglesia Gateway de esta misma manera desde un principio. Yo creo que Dios sabe que puede confiar en nosotros con recursos porque hemos demostrado que los distribuiremos como Él lo indique. Esta es la raíz de tener una cultura de mayordomía y generosidad. ¿Qué otras cosas hemos hecho para crear esta cultura?

PREDIQUE SOBRE ELLA

La segunda es bastante obvia: Yo predico sobre ello. Pero he sido diligente para hacerlo con la motivación correcta. Como dije, Dios está interesado en nuestros corazones, y esto también es válido para nosotros los pastores. Pregúntese: *¿Cuál es mi motivación para predicar sobre la dadivosidad?* Esa no es una pregunta fácil de contestar, como se habrá dado cuenta. La razón es que, cuando usted examina su propio corazón, el enemigo rápidamente le suspira algunas palabras condenatorias. Le dice cosas como: *Tú solo estás* *predicando esto porque quieres que la iglesia tenga más dinero. Eres codicioso. Eres materialista.*

Esto es precisamente el motivo por el que muchos pastores predican sin éxito sobre el dinero, si es que predican de eso. Tienen conflictos, y esos conflictos los privan de su autoridad para hablar del tema.

Cuando encuentro a un pastor que está luchando con esta clase de conflicto, le hago una serie de preguntas. La conversación generalmente es así:

—¿Predica usted sobre matrimonio y familia?

—¡Claro!

—Si tuviera que realizar una serie sobre matrimonio y familia, ¿cuál sería su motivación?

—Obviamente sería ayudar a la gente. Quiero que entiendan los principios y las verdades espirituales que ayudan a tener matrimonios de éxito, así como familias estables.

—Espere un momento. Si los matrimonios en su iglesia son sólidos, y las familias estables, ¿no hace esto que su iglesia sea más fuerte, más grande, y más efectiva?

—Por supuesto.

—¿No está siendo usted entonces egoísta e individualista al predicar estas cosas?

—¡No! Mis motivos son puros. Yo sé que estas verdades ayudarán a la gente en un aspecto en el que el enemigo está atacándola constantemente.

¿Se da cuenta? Esto es precisamente lo que nos hace el enemigo a la hora de predicar sobre finanzas y mayordomía. Pero como se trata de dinero en vez que del matrimonio, dejamos que se salga con la suya.

Lo que es válido en cuanto a los principios de Dios para las familias, también lo es para sus principios de mayordomía. Entender qué piensa Dios sobre el manejo de las finanzas ayudará a su rebaño, mejorará sus vidas, y la efectividad de su reino en un aspecto en el que el enemigo está presto a atacarlos.

Convierta esto entonces en su motivo, y predique sobre ello así como predicaría de la gracia, la salvación, el perdón, o cualquier otra doctrina fundamental de las Escrituras.

Por cierto, una de las razones por las que vemos tantos divorcios entre los cristianos es porque los pastores no predican sobre la dadivosidad. ¿Qué tiene que ver una cosa con la otra? Dar es el tema que se relaciona de manera más directa con el asunto de el egoísmo en el corazón. Hay una cuerda que une directamente a nuestro corazón con nuestra billetera. En Mateo 6:21, Jesús declara que "donde esté vuestro tesoro, allí estará también vuestro corazón". Muchos pastores citan mal esta frase. Dicen: "Donde esté vuestro corazón, allí estará vuestro tesoro".

Eso no fue lo que Jesús dijo. Su tesoro no sigue a su corazón. Su corazón sigue a su tesoro. Invierta en acciones una buena cantidad de los ahorros que tanto le ha costado ganarse durante su vida, y fíjese después si no va a estar revisando cada dos o tres días cómo va la inversión.

No deje que gente egoísta determine lo que usted va a predicar. La gente que se molesta cuando usted predica sobre mayordomía suele ser siempre la que no da. Deje que se vayan. Yo sé que a los egoístas hay que darles amplias oportunidades de suavizarse y cambiar; pero si no lo hacen, usted estará mejor sin ellos. Haga lo que yo hago. Cuando alguien se acerca a mí y me dice: "Pastor, me molesta que predique sobre dinero. Me hace sentir incómodo". Yo le respondo: "Bien, el Espíritu Santo me instruye sobre lo que debo predicar, así que va a tener que arreglar eso con Él".

¿Quiere usted ayudar a su feligresía? (Si usted tiene un corazón de pastor, sé que es así). Entonces, haga que pongan su tesoro en la iglesia. Dicho de manera práctica, yo predico una serie que gira en torno a la mayordomía aproximadamente cada dos años. Pero también soy diligente en aprovechar cada oportunidad que tengo para mencionar el asunto de la mayordomía y la generosidad en otros mensajes, al menos una vez al mes.

¿Por qué? Porque el egoísmo es el veneno del cristiano. Nada se opone más al espíritu de Jesús y el corazón de Dios. Y nada impulsa más rápido a un creyente hacia la madurez y la efectividad en el Reino de Dios que el desprendimiento. Es imposible atravesar con una daga el corazón del egoísmo en las vidas de las personas sin enseñarlas a pensar como mayordomos en vez de como dueños.

La gente egoísta quebranta sus votos matrimoniales. La gente egoísta causa problemas en la iglesia, como contiendas, divisiones, y discordias. La gente egoísta cría niños problemáticos, afectados, y egoístas. Cuando usted enfrenta el problema de la envidia desde el púlpito, usted salva matrimonios. Pero lo más grave es que los egoístas jamás llegarán a su destino ni cumplirán el llamado de Dios. Hablar de un estilo de vida de generosidad y mayordomía es una deuda que usted tiene con sus feligreses, y enseñar esto periódicamente es vital para crear una cultura de generosidad en su iglesia.

En su enseñanza es fundamental que usted vea adecuadamente a los mayordomos exitosos, y que enseñe a otros a hacer lo mismo. Muchos de los más pudientes de nuestra iglesia son dadores generosos para el Reino de Dios, no solo por las *cantidades* que dan, sino por el *porcentaje* de sus ingresos que han decidido dar. Y eso no es casualidad. Ellos no se volvieron generosos después de obtener riquezas. Por el contrario, obtuvieron riquezas porque eran generosos. A nuestra congregación asiste un empresario muy exitoso que durante años ha estado dando más del cincuenta por ciento de sus ingresos anuales. Y él comenzó a practicar esto mucho antes de que sus ingresos aumentaran sustancialmente. Pero aun así él tiene un problema. Cuantos más millones de dólares da, más recibe de parte de Dios para que ejercite su mayordomía. Durante años ha estado tratando de dar más que Dios, ¡pero sigue quedándose atrás en la carrera! Y él no es el único. Un día conducía mi vehículo acompañado de una visita de otra ciudad, y resultó que pasamos por el frente de la casa de uno de nuestros miembros más acomodados. Es una casa hermosa. Le mencioné a mi acompañante que esa era la casa de uno de nuestros miembros, y este caballero respondió inmediatamente: "Yo creo que debería venderla y dar el dinero a los pobres". Yo inmediatamente pensé: *¿No fue eso lo que Judas dijo cuando la mujer derramó el perfume costoso sobre Jesús?* El comentario me desagradó porque estaba hablando de una de las personas más generosas que he conocido. Por eso, le respondí: "¿Por qué no vende usted la suya y le da el dinero a los pobres si eso le preocupa tanto? Estoy seguro de que usted vive como un rey comparado a como vive la mayoría de la gente en este planeta".

Este individuo juzgó a mi amigo solo porque tiene dinero. Muchos pastores hacen lo mismo desde el púlpito. Hacen comentarios sutiles y no tan sutiles que expresan su creencia de que los ricos son malos por naturaleza y de que el éxito financiero es algo que debería avergonzarlos y por lo que deberían pedir disculpas. Los creyentes que han experimentado el éxito pueden tener dificultades tratando de encontrar una iglesia que no los trate como leprosos o como máquinas tragamonedas que pueden producir una enorme ganancia si halamos las palancas correctas.

Mucha gente ha notado que la Iglesia Gateway tiene un gran número de miembros acaudalados. Supongo que es cierto. Pero esto ocurre porque hemos creado deliberadamente una cultura que no los trata de una manera diferente a los demás.

Prestando atención a las advertencias de Santiago 2:2–4, nosotros no tratamos a los más pudientes como si ellos pertenecieran a una clase mejor. Tampoco los vemos como pecadores por el solo hecho de que han alcanzado el éxito. Mantenemos en nuestra mente la enseñanza de Jesús sobre la ofrenda de la viuda, reconociendo que lo que le importa a Dios es el sacrificio y las intenciones en el corazón del dador. Yo he visto familias con ingresos de treinta mil dólares anuales ofrendar cantidades mayores que muchos acaudalados, ¡y también al revés!

EJEMPLIFÍQUELA EN SU VIDA

El tercer secreto para crear una cultura de mayordomía en su iglesia es dar el ejemplo. Usted tiene que crear esa mayordomía de arriba hacia abajo. Es decir, esta tiene que empezar con el pastor principal, extenderse al personal de la iglesia, y luego a los laicos antes de que pueda ser adoptada por la membresía. Como dijo Jesús en Lucas 16:11:

"Por tanto, si no habéis sido fieles en el uso de las riquezas injustas, ¿quién os confiará las riquezas verdaderas?" (LBLA).

Esto se aplica a nosotros los pastores mucho más que a cualquier otra persona. Si usted no ha sido fiel con sus propio dinero, ¿cómo cree que Dios va a poner gente bajo su cuidado? La gente son las "riquezas verdaderas". Estoy convencido de que una de las razones por las que Dios ha permitido que la Iglesia Gateway crezca tanto en tan poco tiempo es porque hemos demostrado que somos buenos mayordomos de "las riquezas injustas". Como resultado, Él nos ha confiado las riquezas verdaderas de personas para discipular y preparar.

Pero dar ejemplo en la mayordomía no es igual a vivir la mayordomía. Obviamente, usted no podrá dar el ejemplo si no la está viviendo. Pero cuando hablo de dar el ejemplo me refiero a compartir verdades con la congregación a través de ilustraciones y anécdotas personales.

Yo siempre cuento mis errores relacionados con la mayordomía, así como la manera en que Dios me ha corregido. También comparto mis victorias y las bendiciones que he recibido. Y siempre son estas las cosas que la gente encuentra más memorables. Dios usa mis historias y experiencias para impartir la verdad y sus principios.

Nosotros manejamos las finanzas de la iglesia de la misma manera en que manejamos nuestras propias finanzas. Esto puede resumirse en tres frases cortas. *¡Gastamos sensatamente, ahorramos tenazmente, y damos generosamente!*

31

Una cultura de libertad

"Para libertad fue que Cristo nos hizo libres" dice Gálatas 5:1 (lbla). Creo que muchas de las iglesias han subestimado la anchura y profundidad de la libertad que Jesús compró para nosotros con su muerte en la cruz. Sí, en Cristo hemos sido liberados de la maldición de tener que ir al infierno, la cual es la liberación final; y ciertamente hemos sido liberados del yugo del pecado de la culpa y la vergüenza. Aun así, hay ciertas dimensiones de la verdad que a mi juicio muchos creyentes y sus pastores han pasado por alto.

El simple hecho de que Pablo nos recuerde que Jesús compró nuestra libertad para que nosotros pudiéramos disfrutar de libertad nos dice algo importante: que es posible que vivamos sin disfrutar de toda la libertad que nos pertenece, y que es posible volver a la esclavitud. De hecho, la segunda parte de Gálatas 5:1 nos advierte sobre esto último:

> "Estad, pues, firmes en la libertad con que Cristo nos hizo libres, *y no estéis otra vez sujetos al yugo de esclavitud*".

La Biblia declara explícitamente dos objetivos del ministerio terrenal de Cristo: su misión de "buscar y a salvar lo que se había perdido" (Lc. 19:10), y de "destruir las obras del diablo" (1 Jn. 3:8, nvi).

Como pastores diariamente somos testigos de primera mano las obras del enemigo. Creyentes nacidos de nuevo que aman a Jesús se ven encadenados con hábitos perjudiciales, patrones de comportamiento destructivo, y ciclos de derrota. Y aunque ciertamente hay muchas implicaciones físicas y mentales para esta clase de adicciones, comportamientos compulsivos, y opresiones; también hay un claro componente espiritual que es muy real. Este componente espiritual es conocido como reducto demoníaco.

¿Pueden los creyentes tener reductos demoníacos en sus vidas? Yo sé que sí, por dos razones: porque la Palabra lo afirma, y porque yo lo he experimentado personalmente. Lo mismo pueden decir mentores, colegas, y ministros colaboradores que conozco y respeto. Todos hemos tenido que enfrentar el hecho de que, solo porque somos cristianos nacidos de nuevo, conocedores de la Palabra, e incluso llamados para el ministerio a tiempo completo, no vamos a disfrutar automáticamente de toda la libertad que Jesús nos proveyó a través de su muerte. Alcanzar y mantener esa libertad también requiere de atención, esfuerzo, y vigilancia.

Por favor, no piense que yo estoy diciendo que los creyente están poseídos por demonios. Debemos entender primero que la frase "poseído por el demonio" en nuestro idioma, no es la misma que se usa en el lenguaje original de las Escrituras. Dos términos griegos: *daimonion echei*, traducidos como "tiene un demonio" en Juan 10:20, y 10:21 (DHH), son generalmente aceptados como "endemoniado". Sin embargo, en ningún caso el texto original sugiere que la persona haya estado "poseída". De hecho, la frase sugiere lo contrario: que el espíritu no tiene a la persona, sino que la persona tiene al espíritu.

Secretos para una iglesia de bendición

Solo porque somos cristianos nacidos de nuevo, conocedores de la Palabra, e incluso llamados para el ministerio a tiempo completo no vamos a disfrutar automáticamente de toda la libertad que Jesús nos proveyó a través de su muerte. Alcanzar y mantener esa libertad también requiere de atención, esfuerzo, y vigilancia.

"Estad, pues, firmes en la libertad con que Cristo nos hizo libres, y no estéis otra vez sujetos al yugo de esclavitud" (Gl. 5:1).

Los términos que Jesús utilizó para hablar de la presencia de fuerzas demoníacas en las personas sugieren claramente que los espíritus provenían de la persona, y no de los alrededores, de un lado, o que estaban cerca de ella. Encontramos por ejemplo el término *ap' autou*, que significa "que proviene o sale de la persona", usado en Mateo 17:18. Tenemos el término *ekblethentos*, "salido de" o "expulsado de" en Mateo 9:33. Y el término *exelthontos*, "tuvo su origen", encontrado en Lucas 11:14. Estas frases indican una especie de posición o influencia en la persona, muy parecida a lo que sería una infección bacterial o viral en el cuerpo.

Estas declaraciones de Jesús revelan su comprensión de la capacidad que tienen los demonios de influir en la gente. ¿Y qué podemos decir de los creyentes? El ejemplo bíblico más claro está en 2 Corintios 12:7 donde Pablo dice: "He recibido de Dios revelaciones [...] maravillosas. Así que, para impedir que me volviera orgulloso, se me dio una espina en mi carne, un mensajero de Satanás para atormentarme e impedir que me volviera orgulloso" (NTV).

Pablo dice que le fue enviado "un mensajero de Satanás" (*angelos*) para que fuera una espina en su "carne" (*sarki*). Esta frase sugiere que un ángel de Satanás, también conocido como demonio, estaba afligiéndolo físicamente.

En mi experiencia, he aprendido que las fuerzas demoníacas pueden influir en una persona de diferentes maneras, tanto externa como internamente. El cuerpo y el alma (la mente, la voluntad, y las emociones) pueden ser una guarida para la influencia de los espíritus si usted les deja la puerta abierta. El espíritu de un cristiano nacido de nuevo es traído a la vida y sellado por el Espíritu Santo de Dios (ver Jn. 6:63; Ef. 2:1–5; 1 P. 3:18), pero como Pablo lo deja claro, podemos escoger vivir por la carne, o vivir por el Espíritu. Según Efesios 4:26–27, cuando vivimos por la carne, le estamos dando al diablo una oportunidad (o *topos*, un lugar o ubicación geográfica).

¿Por qué es importante todo esto? Porque como ministros jamás alcanzaremos los niveles de efectividad y de influencia para los que hemos sido llamados si estamos siendo oprimidos por el enemigo en algunos compartimientos de nuestras vidas. Y no podremos lograr que el pueblo de Dios sea libre si nosotros no damos el ejemplo de un estilo de vida de libertad.

Por eso es que la creación de una cultura de libertad en Gateway ha sido una de nuestras principales prioridades. Nosotros modelamos y enseñamos el estilo de vida y las actividades que permiten que los individuos no solo obtengan libertad, sino que la mantengan y la expandan en sus vidas.

El tipo de actividades que consideramos importantes para ayudar en este aspecto incluyen: educar a la gente sobre su identidad en Cristo y la plenitud de vida disponible para ellos, comprometer su voluntad con el proceso, ayudarlos a emprender guerra espiritual tanto por ellos mismos como por sus seres amados, y darles la capacidad de reconocer y eliminar aquello que a fin de cuentas es lo que los está oprimiendo.

En la Iglesia Gateway lo llamamos "Ministerio de la libertad", y hemos obrado deliberadamente para eliminar cualquier estigma asociado con este. Yo frecuentemente le hablo a mi personal y a la congregación sobre la manera en que yo mismo hago uso de este ministerio de la libertad cuando lo creo necesario. Y somos transparentes y responsables mutuamente sobre nuestras luchas y debilidades.

Al mismo tiempo, nos esmeramos en no perder el equilibrio o actuar incorrectamente cuando ocurren estas cosas. Nos esforzamos para que haya un sano equilibrio entre las partes, discerniendo cuáles son los reductos y espíritus demoníacos que están obrando, y respondiendo con autoridad contra ellos. Al mismo tiempo, ayudamos a los afectados a reconocer y aceptar su responsabilidad sobre las decisiones que deben tomar. Dicho de otra manera, tenemos que liberar *y* discipular. Como dice mi buen amigo el pastor Jack Hayford: "¡Es imposible discipular a un demonio, y tampoco expulsar la carne!".

Nuestro enfoque se fundamenta en valores fundamentales de las Escrituras que nos ayudan a mantener este equilibrio al momento de ministrar liberación. Los valores que nos ayudan a implantar una cultura de libertad incluyen lo siguiente:

- *Un compromiso con los fundamentos bíblicos* (ver 2 Tim. 3:16): Para que nuestro Ministerio de la Libertad se mantenga fuerte, tenemos a las Escrituras como el fundamento de lo que hacemos. Cada caso pasa por el filtro de nuestra comprensión de las Escrituras.

- *Enfoque en la solución de los problemas* (ver Flp. 4:8). Hacemos que la obra de Jesús y del Espíritu Santo sea mucho más prominente que la de los espíritus malignos.
- *Permitir que el Espíritu Santo nos guíe* (ver Jn. 5:19). Desarrollamos nuestros oídos para escuchar la voz de Dios, a fin de poder hacer lo que nuestro Padre hace.
- *Obrar compasivamente* (ver 2 Tim. 2:24). Tratamos a las personas con el amor y la compasión que nosotros hemos experimentado. Tratamos a los hijos de Dios como quisiéramos que nuestros hijos fueran tratados.
- *Los frutos del Espíritu* (ver Gl. 5:22–23). Nosotros y nuestros ministros nos conducimos de una manera que refleje los frutos del Espíritu.
- *Facilitar el discipulado* (ver Ef. 4:16). Preparamos discípulos con frutos a largo plazo y con la capacidad de reproducirse.
- *Facilitar el crecimiento personal* (ver Mt. 10:8). Nosotros no enseñamos técnicas, solo transmitimos lo que hemos recibido gratuitamente.
- *Promover la unidad* (ver Sal. 133:1). Juntos somos más fuertes como individuos. Aceptamos nuestras diferencias y aprendemos de ellas.

Nuestro Ministerio de la Libertad busca encarnar la misión de Jesús de destruir las obras del enemigo en nuestras vidas, en las vidas de nuestros pastores y del personal de la iglesia, y en las vidas de nuestros miembros. Deseamos ayudar a todos a crecer en el alma (en su mente, su voluntad, y sus emociones) a través de elementos de enseñanza y discipulado, a fin de que puedan desenvolverse en libertad mientras buscan conocer y servir a Jesús.

Trabajamos también para que las bondades de nuestro ministerio de compasión estén disponibles para grupos e individuos, de manera que la gente pueda encontrar a Dios en cada aspecto de su vida que lo necesite.

A nosotros nos gusta ayudar a que la gente obtenga libertad; pero para lograrlo, debemos seguir el modelo de Jesús e instruir a otros sobre el Reino. También debemos ayudarlos a encontrar al Dios vivo que actúa con poder y autoridad para ayudarlos a vencer la influencia que ejerce este mundo caído. Este encuentro los liberará de los reductos de opresión demoníaca en sus vidas, permitiendo que vivan plenamente como sus hijos e hijas redimidos. Con esto pasamos a nuestro próximo objetivo cultural como organización.

32

Una cultura de descanso

Desde el principio de este libro he querido dejar claro que la Iglesia Gateway dista de ser perfecta. Nosotros no tenemos todas las respuestas, y no somos ciento por ciento consistentes en todo lo que hacemos. En otras palabras, en cada principio de bienestar y crecimiento para la iglesia que he mencionado, podemos tener brechas entre lo que *queremos, esperamos,* e *intentamos* hacer; y lo que *realmente estamos haciendo.*

Hay aspectos en los que gracias a Dios la brecha entre nuestros ideales y nuestro desempeño es pequeña. En otros aún tenemos que esforzarnos para que haya mayor armonía entre nuestra práctica y nuestros principios. Pero no hay un aspecto en el que tengamos que esforzarnos más para cerrar esa brecha que en el que hemos llamado principio del descanso (o principio sabático).

Nosotros creemos en esto, y sabemos que es vital. Hoy por hoy contamos con métodos, políticas, y estrategias para aplicar este principio en toda la organización. Aun así, no sería sincero si dijera que aún no hemos llegado donde queremos llegar. Permítame explicar el principio, de manera que usted entienda por qué es tan difícil lograr esa armonía cuando una iglesia dobla su tamaño cada cierta cantidad de años.

No creo necesario decir cuán fatigoso puede llegar a ser dedicarse a tiempo completo al ministerio, física, emocional, y espiritualmente. La obra de la iglesia tiene fama de ser muy agotadora. Esto puede ocurrir en cualquier circunstancia, pero es doblemente válido cuando una iglesia crece rápidamente. Un período de crecimiento continuo es emocionante, pero también puede representar una enorme carga para todos los recursos de la iglesia, especialmente los recursos humanos.

La salud organizacional e individual no es algo que surge de la nada. Sin un plan deliberado para mantener a todos en equilibrio, los involucrados, desde el pastor principal hacia abajo, corren peligro de caer víctimas de algo que yo llamo "síndrome del corazón encogido".

Así como el trastorno por estrés postraumático puede afectar a soldados que han servido en la línea de combate, el síndrome del corazón encogido afecta a muchos de los que sirven en la línea de combate del ministerio. Los síntomas que lo identifican incluyen una reducción o pérdida de la compasión, pérdida de la empatía, y una pérdida general de la energía emocional que hace posible ministrar a los demás.

Los factores que contribuyen a la aparición del síndrome del corazón encogido incluyen:

- No regular las exigencias de la agenda (decirle que sí a todo).
- La falta de límites (ir más allá de los límites con el propósito de producir resultados).
- La carencia de sábados (ignorar el principio del descanso).
- Relaciones que no llenan (preocuparse únicamente por los resultados en vez de enfocarse en las personas).
- Un crecimiento caótico (operar bajo un sistema que permita fallas crónicas en los recursos y la infraestructura).

¿Le suena familiar alguna de estas cosas? Cuando la Iglesia Gateway comenzó a crecer abruptamente, nos dimos cuenta de que tendríamos que poner en práctica alguna clase de sistema bíblico o inspirado por el Espíritu Santo si queríamos evitar que tanto yo como los demás en el ministerio termináramos agotados. Y le doy gracias a Dios de que lo hicimos. La trayectoria de mega crecimiento de más de diez años que habíamos experimentado habría sido insostenible si el Señor no nos hubiera dirigido con los temas del descanso, las relaciones, y la recuperación.

De esos primeros esfuerzos emergieron los siguientes preceptos:

- Comprometernos con nuestros principios, especialmente con el principio del descanso sabático.
- Tener prioridades bien definidas y establecidas.

- Mantener una mentalidad orientada a la solución de problemas.
- Mantener relaciones y actividades reconstituyentes.

EL DESCANSO SABÁTICO

Antes que nada quiero dejar claro que este principio no tiene nada que ver con el tema de que si el Señor prefiere que lo adoren en sábado o en domingo. Yo estoy al tanto de que hay personas que toman muy en serio este asunto y de que denominaciones enteras se han formado y separado por esto. Me refiero al mandamiento que aparece en el libro de Éxodo:

> "Acuérdate del sábado para santificarlo. Seis días trabajarás
> y harás toda tu obra, pero el séptimo día es de reposo
> para Jehová, tu Dios; no hagas en él obra alguna, tú, ni
> tu hijo, ni tu hija, ni tu siervo, ni tu criada, ni tu bestia,
> ni el extranjero que está dentro de tus puertas, porque en
> seis días hizo Jehová los cielos y la tierra, el mar, y todas
> las cosas que en ellos hay, y reposó en el séptimo día; por
> tanto, Jehová bendijo el sábado y lo santificó" (Éx. 20:8–11,
> RVR1995).

Pero detrás de cada ley del Antiguo Testamento yace un principio eterno. Cada mandamiento, cada decreto levítico—incluyendo las regulaciones sacerdotales más sombrías—, son una expresión de una verdad eterna sobre cómo llevar una vida de bendición y propósito; o nos señalan a través de tipos, símbolos, y sombras, el cumplimiento del nuevo pacto en Jesucristo y su Reino. ¡O ambas cosas!

Y esto también es válido para el principio del sábado. Este libro no tiene la finalidad de examinar en detalle el tema de cómo el sábado se aplica en la vida del creyente de hoy. Basta decir que en Gateway tomamos seriamente el principio del descanso, y sabemos que descuidarlo pone en riesgo nuestra salud, bienestar, y efectividad en el Reino.

Nuestro personal está lleno de pastores y profesionales cristianos comprometidos con sus respectivos llamados y motivados a ofrecer excelencia en todo lo que hacen. Las exigencias que el ministerio pone sobre mis hombros y sobre los hombros de quienes me rodean en todos los niveles de la organización, son enormes. Por ello entendí que *como organización* debemos pensar y actuar resueltamente en cuanto a este tema del sábado. Nos hemos esforzado, y aún lo hacemos, en establecer una cultura del descanso. Al igual que con todo lo demás, sé que el establecimiento de este valor comienza por mí.

Secretos para una iglesia de bendición

La salud organizacional e individual no es algo que surge de la nada. Sin un plan deliberado para mantener a todos en equilibrio, los involucrados, desde el pastor principal hacia abajo, corren peligro de caer víctimas de algo que yo llamo "síndrome del corazón encogido".

"Si retraes del sábado tu pie, de hacer tu voluntad en
mi día santo, y lo llamas 'delicia', 'santo', 'glorioso
de Jehová', y lo veneras, no andando en tus propios
caminos ni buscando tu voluntad ni hablando tus
propias palabras, entonces te deleitarás en Jehová.
Yo te haré subir sobre las alturas de la tierra y te
daré a comer la heredad de tu padre Jacob. La boca
de Jehová lo ha hablado" (Is. 58:13–14).

En el capítulo 28 mencioné que dos miembros del cuerpo de ancianos que no forman parte del personal de la iglesia tienen a su cargo estar atentos de mi salud física, emocional, y espiritual. Una parte fundamental de sus funciones consiste en llamarme la atención en esto del descanso. Su responsabilidad incluye asegurarse de que yo siga la agenda de descanso sabático que hemos establecido.

Nuestra política requiere que cada cinco años el pastor se tome un descanso sabático de ocho semanas. Hice eso precisamente en mi quinto aniversario, pero cuando cumplí diez años los ancianos se me acercaron con una orden sorprendente. Después de buscar al Señor en oración, el consenso fue que para ese descanso sabático yo no me tomaría ocho semanas de descanso, sino doce, y fueron firmes en su determinación.

Me pregunté si la iglesia podría darse el lujo de que yo me alejara tanto tiempo del púlpito (hay pastores que, al igual que como yo pensaba, en el fondo creen que si no están presentes todo se va a derrumbar). Pero los ancianos insistieron, así que finalmente acepté (en realidad no me fue tan difícil aceptar). Al igual que con mis otros descansos sabáticos, mis instrucciones estrictas fueron desconectarme completamente de los asuntos diarios de la iglesia. Nada de correos electrónicos, ni llamadas a mi teléfono celular, ¡y sin trampas! Ese tiempo debía ser dedicado completamente a estar en comunión con el Señor, disfrutando con mi esposa y mi familia, y descansando.

Fue maravilloso, pero no podía evitar preguntarme de vez en cuando cómo iban las cosas en la iglesia. Entonces, aproximadamente una semana antes de que terminara mi descanso sabático, Steve Dulin, uno de los ancianos con la tarea de cuidar de mi salud y mi bienestar, vino a visitarme.

—Robert —me dijo—, te traigo dos noticias. Una buena, y otra buena. ¿Cuál quieres primero?

—¡Dame la buena noticia primero!—le respondí alegremente.

—Bien, ¡durante tu ausencia la asistencia ha sido alta, y la dadivosidad ha aumentado!

—¿Y la otra buena noticia?—le pregunté.

—¡Tienes otro mes de vacaciones!

Esto último por supuesto era un chiste. Y para ser honesto, nadie estaba más emocionado que yo de saber que la iglesia había prosperado en mi ausencia. Yo no tomé esto como una señal de que yo no era necesario, sino como una evidencia de que Dios estaba haciendo algo en Gateway que no dependía de una persona. El hecho de que la asistencia y la dadivosidad hubiera aumentado durante mi ausencia era una confirmación gloriosa de que Dios nos bendice cuando seguimos intencionalmente sus instrucciones para nuestra vida.

Pero en Gateway también tenemos una política sabática en vigencia para todo el equipo pastoral. Nuestro énfasis en el bienestar de las familias de los pastores se refleja en el compromiso de cada miembro del equipo a no trabajar más de cincuenta horas semanales y tres noches por semana, a tener dos días libres a la semana, y a hacer uso de todas las vacaciones anuales asignadas. Cuando contratamos a alguien nuevo le hablamos sobre estos requerimientos, y tenemos métodos para asegurarnos de que se cumplan.

No obstante, es la responsabilidad final de cada pastor y miembro del personal reconocer el principio de descanso. Nosotros no podemos forzar a nuestra gente a aceptarlo, así como tampoco podemos forzarlos a mantener una buena actitud. Al mismo tiempo, nuestro deseo es establecer y mantener una cultura de descanso dándole prioridad al principio del sábado. Esto es necesario incluso si los deberes del pastor llenan los fines de semana. Para muchos el día de descanso es el lunes. Para otros, es el viernes.

El principio del sábado consiste en cesar las labores. Sea cual sea su trabajo, ¡no lo haga durante su sábado! Si usted es cirujano, ¡no opere a nadie! Si usted es constructor, ¡no construya nada! Si usted está en el ministerio, ¡no escriba un sermón, no redacte un artículo, no dé una cita de consejería, no responsa correos electrónicos, no use Twitter, ni haga nada que esté asociado con su trabajo!

¿Qué cosas deben componer el descanso sabático y reflejarse en la cultura del descanso? Entre ellas, están:

- Dedicar tiempo para pensar, reflexionar, y crear.
- Festejar a Dios, su soberanía, su obra, y su grandeza.
- Enumerar nuestros días, dándole prioridad a nuestro trabajo y a otros intereses.
- Asumir las responsabilidades sin caer en el legalismo.
- Contar con la presencia de Dios en todo lo que hacemos.
- Participar de actividades recreativas, divertirnos, y compartir con amigos.

Me gusta la manera en que el autor y pastor Mark Buchanan describe el poder del descanso sabático en su libro *The Rest of God:*

"Si no descansamos, nos perdemos el resto de Dios: ese descanso al que él nos invita a entrar plenamente para que lo conozcamos de una forma más profunda [...]. El sábado es un día y una actitud que alimenta nuestro reposo. Es un tiempo en el calendario, pero también una disposición del corazón. Es un día físico, pero también una manera de ver. El sábado imparte el descanso de Dios tanto mental como emocional, pero también el *resto* de Dios: esas cosas de su naturaleza y su presencia que no vemos en nuestras labores cotidianas".

Establezcamos con entusiasmo y determinación la cultura del descanso. Reconocer el principio del sábado es el secreto.

33

Una cultura de adoración

C<small>UANDO AL PRINCIPIO DE ESTE LIBRO COMPARTÍ LA HISTORIA DE LA</small> fundación de la Iglesia Gateway, mencioné que una de las cosas que impulsó mi santo descontento (tomando nuevamente prestada la frase de Bill Hybels) fue el deseo de tener un tipo de adoración colectiva diferente al de otras iglesias a las que había asistido.

Permítame reiterar lo siguiente: El tipo de adoración de esas iglesias no tiene nada de malo. Por el contrario, muchas veces los servicios fueron ricos y pleno del Espíritu, y muchas veces guiaron al pueblo de Dios a encuentros transformadores en la presencia del Padre. Pero había algunas cosas que no eran consecuentes con el método de funcionamiento eclesiástico al cual había sido llamado a crear, ni con el tipo de adoradores que sabía que debía atraer y preparar.

De hecho, la adoración fue una de las cinco cosas en las que el Señor me pidió directamente que me enfocara al prepararme para fundar la Iglesia Gateway. Por favor entienda algo: yo no estoy usando el término *adoración* como un eufemismo para el servicio de canto de nuestros servicios, aunque sin duda esto es adoración. Adorar es una actividad individual o grupal que hace que nos alleguemos a la presencia de Dios y que, cuando ocurre, Dios es exaltado y nosotros transformados.

Obviamente, la manifestación más amplia y visible de la adoración en la iglesia es la adoración grupal que ocurre durante los servicios. Pero si usted quiere establecer una cultura de adoración en su iglesia, lo cual es el objetivo, esta debe abarcar todos los aspectos del cuerpo eclesiástico. ¿Por qué es tan importante? Porque según mi opinión, la iglesia no tiene como objetivo observar a Dios. Tampoco el objetivo es aprender de Dios. Se trata de experimentar a Dios. Pero es imposible experimentar a Dios de manera individual o grupal, sin adoración.

El Salmo 100 nos recuerda: "Entrad por sus puertas con acción de gracias, por sus atrios con alabanza" (v. 4).

Es por ello que cada reunión de ancianos la iniciamos con un momento de adoración. Antes de tomar cualquier decisión y de discutir algún asunto particular, uno de nuestros pastores de adoración nos acompaña de treinta minutos a una hora para orar y alabar. ¿Por qué? ¡Porque necesitamos escuchar a Dios! Sí, todos estamos ocupados. Sí, nuestro tiempo es valioso. Pero precisamente por eso es que no podemos darnos el lujo de no tomar el tiempo necesario para experimentar la presencia de Dios. Tomar decisiones equivocadas representa una pérdida de tiempo y dinero. De hecho, para el Reino de los cielos la toma de decisiones puede costar vidas y afectar el destino eterno de muchos. Lo que hacemos en estas reuniones es demasiado serio y trascendente para demasiada gente como para que Dios no esté presente y su voluntad sea descuidada.

Seguramente usted recuerda el relato de 2 Reyes en el que el rey Joram visitó al profeta Eliseo porque necesitaba determinar la voluntad del Señor. El rey básicamente le dijo: "Saludos, profeta. Necesito que usted determine cuál es la voluntad del Señor". Ya la respuesta de Eliseo fue: "Tráiganme a un músico" (2 R. 3:15).

> "Y cuando el músico se puso a tocar, el Señor se posesionó de Eliseo; y Eliseo dijo: El Señor ha dicho: 'Hagan muchas represas en este valle, porque aunque no habrá viento ni verán ustedes llover, este valle se llenará de agua y todos ustedes beberán, lo mismo que sus ganados y sus bestias'. Y esto es solo una pequeña muestra de lo que el Señor puede hacer, porque además él va a entregar a los moabitas en las manos de ustedes" (2 R. 3:15–18, DHH).

El mismo Eliseo, que había recibido una porción doble de la poderosa unción que descansó sobre Elías, necesitaba experimentar la adoración antes de poder tener acceso a la sabiduría y el consejo de Dios.

Nosotros hemos aprendido a seguir el ejemplo de Eliseo. Queremos escuchar la voz del Señor y por eso traemos músicos, para que nos lleven a la presencia de Dios a través de la adoración.

Invariablemente terminamos más sensibles a la voz y las instrucciones del Señor después de la adoración. También es mucho menos improbable que caigamos en discusiones o en desacuerdos movidos por el orgullo. Como usted puede ver, es verdaderamente difícil ser egoísta o carnal cuando el Dios del universo se ha manifestado en medio suyo.

Esta técnica de darle prioridad a la adoración se extiende más allá de las reuniones de ancianos hasta cada faceta del ministerio, desde los grupos pequeños y las clases de los niños, hasta los retiros de pesca en el ministerio de hombres.

Aún así, la piedra angular de la vida de adoración de la iglesia sigue estando en los servicios de adoración del fin de semana. Cuando fundamos la Iglesia Gateway yo no sabía mucho, pero estaba seguro de que haríamos dos cosas con toda nuestra capacidad (fíjese que no digo que las haríamos mejor que otros, sino que las haríamos con toda *nuestra* capacidad). Estas dos cosas eran alimentar a las ovejas (predicar) y llevar a las ovejas a la presencia de Dios (adorar colectivamente).

Desde el principio nos esforzamos por alcanzar la excelencia en ambos aspectos, y hablo de excelencia en todo el sentido de la palabra. Yo ya compartí mis convicciones sobre la necesidad de alcanzar un nivel de excelencia y capacidad técnica que honre a Dios. Y un individuo con la motivación, el llamado, y la unción de Dios es vital, indispensable. Pero todas estas cosas se incrementan y se refinan a través del trabajo duro y diligente.

Yo no me voy a disculpar por querer que nuestra adoración sea realizada con talento y calidad, pero tampoco voy a caer en la trampa de pensar que estamos organizando un espectáculo. Tan fuerte es nuestra convicción de que no podemos caer en eso, que no permitimos que a la plataforma se le llame "escenario". Los escenarios son para presentaciones. ¡Las plataformas son para influir!

La adoración no es un espectáculo, pero si comenzamos a pensar que el secreto para atraer y mantener a la gente es presentando espectáculos mejores que los que ofrece el mundo, estamos en problemas.

¿Ha asistido usted a un musical de Broadway, a ver una película taquillera, o a un concierto? Nosotros nunca vamos a poder tener un mejor espectáculo que los que ofrece el mundo porque ellos pueden invertir cincuenta millones de dólares en ello. Tratar de ofrecer una experiencia de adoración en el servicio del domingo en la mañana que sea mejor que la película del sábado en la noche no solo es tonto, sino inútil.

No se trata de nuestra actuación. Se trata de la presencia de Dios. La excelencia no tiene vida si Dios no está presente. Y no importa cuán bueno pueda ser nuestro "espectáculo", la gente siempre podrá encontrar otra iglesia al final de la calle que tenga uno mejor. La iglesia no es una *exhibición* sobre Dios, sino un punto de reunión con Dios. ¡Es un lugar para *experimentar* a Dios!

Habremos tenido éxito cuando una persona con hambre espiritual entre por primera vez en uno de nuestros cuatro servicios y salga diciendo: "Siento algo. No sé cómo describirlo, pero voy a regresar la semana que viene".

Secretos para una iglesia de bendición

> La adoración no es un espectáculo, pero si comenzamos a pensar que el secreto para atraer y mantener a la gente es presentando espectáculos mejores que los que ofrece el mundo, estamos en problemas.

> "Mas la hora viene, y ahora es, cuando los verdaderos adoradores adorarán al Padre en espíritu y en verdad; porque también el Padre tales adoradores busca que le adoren" (Is. 58:13–14).

UN HOGAR PARA DIOS

Génesis 28 es un pasaje especial para nosotros en Gateway. Como expliqué en el capítulo 2, esta cita contiene el versículo que el Señor usó para darme el mismísimo nombre de nuestra iglesia, en el versículo

17. El sermón que prediqué en nuestro primer domingo trató sobre este capítulo. Y en el mismo capítulo se encuentra una verdad que es piedra angular del modelo de iglesia que hemos adoptado.

Estoy seguro de que usted sabe que este pasaje describe el transformador encuentro en la vida de Jacob ante la presencia de Dios en Bet-el. Allí en el desierto pernoctó Jacob entre Beerseba y Harán, usando una piedra como almohada. Este acto de colocar una piedra bajo su cabeza tenía un significado simbólico. Como descubrimos a medida que se desarrolla la historia, esta piedra bajo su cabeza se convertiría más tarde en un pilar conmemorativo.

Al dormirse, Jacob comenzó a soñar con unas escaleras que conectaban la tierra con el cielo, y a través de la cual ascendían y descendían ángeles. Luego Jacob escuchó al Señor hablarle y hacerle una serie de promesas y predicciones maravillosas sobre el llamado de Jacob y su futuro.

> "Y despertó Jacob de su sueño, y dijo: Ciertamente Jehová
> está en este lugar, y yo no lo sabía. Y tuvo miedo, y dijo:
> ¡Cuán terrible es este lugar! No es otra cosa que casa de
> Dios, y puerta del cielo" (Gn. 28:16–17).

La estructura de la primera oración es un poco extraña gramaticalmente: la primera parte está en presente, y la segunda parte en pasado. Pero el Señor la escribió tal como quería que fuera escrita. Puede sonar mal gramaticalmente, pero teológicamente es profunda. Lo que Jacob está diciendo es básicamente: "El Señor está aquí en este momento. De hecho, ha estado aquí todo el tiempo, pero no me había dado cuenta hasta ahora".

Al igual que Jacob antes de tener el sueño, es posible que estemos en la presencia de Dios y no nos demos cuenta de ello. Esto ocurre todas las semanas en iglesias alrededor del mundo.

Recuerdo haber asistido a una conferencia de pastores hace años en la que tuve una visión durante la adoración. Mientras cantaba, tuve la fuerte sensación de que Dios estaba presente en el lugar. De repente vi a Jesús entrar por una de las puertas en la parte de atrás del santuario.

Pasaba de una persona a otra, las abrazaba, colocaba sus manos sobre ellos, bendiciéndolos y amándolos. Pero luego me di cuenta de que caminaba hacia otras personas que no respondieron a Él. Simplemente siguieron cantando. Jesús esperó un poco para ver si ellos advertían su presencia, pero finalmente tuvo que continuar con la siguiente persona.

Me di cuenta de que estaba presenciando algo que reflejaba fielmente en lo que estaba ocurriendo en el recinto mientras adorábamos. La mayoría estaba al tanto de la presencia del Señor y, como resultado, eran transformados y bendecidos como Jacob fue transformado cuando se dio cuenta de la presencia de Dios. Pero algunos, incluso un grupo de pastores, estaban demasiado distraídos o preocupados para notar que Aquel a quien estábamos adorando había entrado al lugar con su bendición.

El nombre Bet-el significa "Casa de Dios", o dicho de otra manera, un lugar en el que podemos encontrar la presencia de Dios. Eso es lo que debe ser una iglesia, y es precisamente por lo que hemos orado, trabajado, y presionado durante todos estos años. Queremos que la gente esté al tanto de la presencia de Dios porque sabemos que cuando eso ocurre pasan cosas maravillosas tanto para ella como para quienes la rodean.

Establezca una cultura de adoración

Nosotros creemos que Dios formó la adoración en Gateway para ayudar a crear adoradores influyentes. En otras palabras, creemos que Dios nos ha llamado a todos como sacerdotes para que alabemos a Dios y ministremos a otros, independientemente de que seamos miembros de la congregación, músicos, o cantantes en la plataforma. Consideramos que la adoración es un estilo de vida, y que cuando adoptamos este estilo de vida influimos en nuestras familias, vecinos, y el mundo que nos rodea.

En nuestro ministerio de adoración nos hemos enfocado en cinco valores fundamentales desde un principio:

- *Corazón:* nuestra comprensión de la adoración.
- *Carácter:* nuestra relación con Jesús.

- *Destreza:* nuestros dones o talentos.
- *Comunidad:* nuestra relación como familia.
- *Afinidad:* nuestra conexión con la congregación y con Dios.

Nosotros nos enfocamos en estos aspectos a través de cursos y oportunidades. Ofrecemos clases de capacitación (tanto en vivo como en video) a lo largo del año para educar a nuestros miembros en la teología de la adoración. A lo largo del año ofrecemos varios niveles de entrenamiento para ciertos instrumentos o cargos en el equipo. A medida que la gente se va involucrando con nuestra familia, alentamos su relación con el Señor a través de nuestra relación con ellos. Nos esforzamos en la medida de lo posible en entablar una relación con los que entran a formar parte de nuestro ministerio, y les comunicamos tanto de palabra como en hechos lo que significa ser un sacerdote que conecta a otros con Dios.

Aún estamos lejos de ser perfectos en esto, pero me conforta saber que cada semana ayudamos a muchos a vivir encuentros transformadores con la presencia de Dios, y no solo en nuestros principales servicios de adoración. Esto también ocurre en los salones donde se reúnen los grupos pequeños, en la iglesia infantil, en los desayunos para emprendedores, y en muchos otros contextos.

Nada me satisface más como pastor, pues sé que cuando nos conectamos íntimamente con Él y escuchamos su voz, más de su carácter y naturaleza emerge en nosotros.

34

Una cultura de comunidad

La idea de utilizar grupos pequeños para fomentar relaciones y conectarlas con la iglesia no es nueva. La cantidad de libros escritos sobre este tema durante los últimos veinte años podrían llenar un galpón.

Esto tiene una explicación. El sentido de pertenencia a una comunidad es una de las necesidades más profundas y fundamentales del ser humano. A pesar de ello, vivimos una época en la que cada vez se hace más difícil construir una comunidad. Es un tiempo de mucho aislamiento y desconexión. La gente hoy en día tiende a no conocer a sus vecinos, mucho menos a interactuar con ellos. Las relaciones suelen ser superficiales y fugaces. Algunos estudios recientes muestran que las redes sociales como Facebook crean una ilusión de conexión que ni siquiera cuenta con el significado y la vitalidad que caracteriza a las relaciones reales.

Por supuesto, si hay un lugar que debería ofrecer ese sentido de pertenencia y comunidad, es la iglesia. En ella la gente está unida no solo a través de los lazos reales que componen las relaciones humanas, sino también por lazos sobrenaturales que nos hacen a todos parte de un mismo cuerpo. En ella no solo somos amigos, sino familia.

"Así que, según tengamos oportunidad, hagamos bien a
todos, y mayormente a los de la familia de la fe" (Gl. 6:10).

"Tanto el que santifica como los que son santificados tienen
un mismo origen, por lo cual Jesús no se avergüenza de
llamarlos hermanos" (Heb. 2:11, nvi).

A pesar de esto, las iglesias en la era moderna han tenido problemas en relación con esto, como lo atestiguan las montañas de libros con las palabras *células, grupos pequeños, grupos de vida* en sus títulos. Y esto se incrementa al doble cuando se trata de una iglesia que crece rápidamente.

LOS GRUPOS PEQUEÑOS:
LA ESENCIA DE LA COMUNIDAD

Por todas estas razones nos hemos comprometido desde el principio en inspirar un sentido de conexión en cada miembro de la Iglesia Gateway. Al igual que ocurre con otras iglesias, los grupos pequeños son la piedra angular de nuestra estrategia en este frente. Pero en el corazón de esta estrategia hay una filosofía que ya describí en el capítulo 17: "¿Quién es el ministro?", específicamente, que nosotros no consideramos que mi función principal, o que la función principal de los otros pastores en el equipo de Gateway, sea ministrar a nuestra gente. Nuestra función es prepararlos para que ellos ministren entre ellos, y para que ministren al mundo. Nuestros grupos pequeños son el campo de práctica y entrenamiento para ese ministerio.

¿Le sorprendería saber que de todas las facetas de nuestro ministerio en la Iglesia Gateway, incluyendo los servicios de adoración que atraen a decenas de miles cada semana, el responsable de traer la mayoría de la gente a Cristo cada año es nuestro ministerio de grupos pequeños? Así como lo oye, el mayor esfuerzo evangelístico que llevamos a cabo acontece casi siempre en salones.

Y esto no ocurre por accidente. Es el fruto de una estrategia. Nosotros, por ejemplo, pagamos para proveer un servicio de guardería gratuito para la gran mayoría de los cientos de grupos pequeños de Gateway que se reúnen cada semana. Esto representa un gasto importante, pero derriba una inmensa barrera que evitaba la participación de muchos; e incluso es un incentivo para algunos, especialmente para las madres solteras, siempre tan ocupadas y atareadas.

Piense en ello. El que la mayoría de las conversiones se estén suscitando en los grupos pequeños, significa que los que están teniendo el maravilloso privilegio de llevar a otros a Cristo son nuestros miembros, y no nuestros pastores.

Este es el modelo de ministerio que encontramos en la iglesia primitiva según lo registra el libro de Hechos, donde el ministerio se desarrollaba en los hogares y era llevado a cabo por laicos llenos del Espíritu Santo:

> "Y perseverando unánimes cada día en el templo, y partiendo el pan en las casas, comían juntos con alegría y sencillez de corazón" (Hch. 2:46).

> "Y todos los días, en el templo y por las casas, no cesaban de enseñar y predicar a Jesucristo" (Hch. 5:42).

Por supuesto, el evangelismo no es el único tipo de ministerio presente en nuestros grupos pequeños. Estos son por naturaleza lugares seguros en los que los creyentes aprenden a hacer obras aun mayores que las de Jesús (ver Jn. 14:12). En nuestros inicios nuestros grupos pequeños se reunían casi exclusivamente en los hogares, y giraban en torno a la discusión del mensaje del fin de semana; y contaban con unos minutos de adoración, un momento para compartir necesidades y victorias, y un momento para orar. Actualmente tenemos una asombrosa variedad de grupos. Algunos solo ofrecen estudios bíblicos. Otros son grupos de oración. Otros se unen alrededor de intereses o necesidades específicas. Tenemos grupos pequeños para dueños de pequeños negocios, para personas que sienten la necesidad de orar por las naciones de la tierra, para padres solteros, etcétera.

Tenemos un subconjunto de grupos muy popular y fructífero llamado T2, inspirado en la exhortación de Tito 2:3–4 de que las mujeres mayores enseñen a las más jóvenes de la iglesia. En estos grupos las mujeres maduras (tanto en edad como espiritualmente) comparten sus conocimientos y su sabiduría en un contexto que las convierte en mentoras de jóvenes recién casadas, y de madres jóvenes.

CÓMO FOMENTAR UNA CULTURA COMUNITARIA

Antes de que pudiéramos actuar para fomentar una comunidad en la Iglesia Gateway, teníamos que decidir qué queríamos decir cuando usábamos el término *comunidad.*

Decidimos que, para nosotros, una comunidad se caracterizaba por ser:

- Un grupo en el que usted es conocido y consigue relacionarse.
- Un grupo en el que usted conoce gente y sirve sus necesidades.
- Un grupo integrado por personas con valores e intereses comunes, y que hacen vida juntos.
- Una conexión que hace que las personas se sientan integradas y queridas.
- Un compromiso relacional, no una tarea o visión.

Decidimos que si íbamos a fomentar una cultura comunitaria teníamos que identificar en qué parte del proceso de conexión se encontraba la gente, y ayudarla a dar el siguiente paso en ese proceso. Necesitábamos encontrar maneras de ayudarlos a pasar de tener conexiones convenientes y superficiales a entablar relaciones intencionales y comprometidas que revistieran una preocupación genuina por las personas.

Definimos cuatro niveles de participación comunitaria, los cuales presento aquí en un orden que va desde el más superficial, hasta el más estrecho y gratificante:

- *La fachada:* Este es el nivel de entrada en la comunidad, y el punto de inicio de las relaciones con los demás. Es el menos exigente e intimidante.
- *La facilitación:* En este punto comienza la conexión. Comenzamos a identificar las necesidades de la otra persona o su deseo de tener un lugar al cual pertenecer, y luego buscamos satisfacer esa necesidad o deseo.

- *La amistad*: Es alguien con quien se tiene contacto social, a quien le conocemos su personalidad, y con quien tenemos cierto nivel de interacción especial.
- *La familia:* Este es el nivel de conexión más profundo. Se basa en la relación y el compromiso.

Por supuesto, cuanto más superficiales sean sus relaciones, más podrá tener. En esto de las relaciones es posible tener un kilómetro de amplitud con un centímetro de profundidad. Y esto es especialmente válido en las iglesias grandes. Alguien que esté en el nivel de fachada de la participación comunitaria puede tener un sinfín de relaciones, porque no son más que conocidos informales y rostros familiares. Esta clase de persona puede ofrecerse para ayudar de vez en cuando en alguna actividad de la iglesia, pero no existe compromiso ni continuidad en la participación. Si esta persona de repente deja de asistir a la iglesia, es muy posible que nadie lo note.

Secretos para una iglesia de bendición

> Por supuesto, cuanto más superficiales sean sus relaciones, más podrá tener. En esto de las relaciones es posible tener un kilómetro de amplitud con un centímetro de profundidad. Y esto es especialmente válido en las iglesias grandes.

> "Para que sean consolados sus corazones, unidos en amor, hasta alcanzar todas las riquezas de pleno entendimiento, a fin de conocer el misterio de Dios el Padre, y de Cristo" (Col. 2:2).

Nosotros hemos estimado que quien ha pasado al nivel de facilitador puede tener entre doscientas y cuatrocientas relaciones. Una persona en este nivel se siente más obligada a ayudar a otros y lo hace con más frecuencia. Ellos también son más propensos a tener un mayor sentido de responsabilidad hacia otros, aunado a un deseo compasivo de que quienes están en el nivel de fachada se conecten mejor. Tratan de entablar relaciones con personas que están en ese nivel, para que estos pasen al nivel comunitario de la amistad.

En el nivel de amistad la persona realmente *conoce* a otros, y es conocida por ellos. Hay un compromiso real con las cosas en las que se involucra. Como las relaciones en este nivel son más profundas, son necesariamente menores en número. Hemos calculado que un individuo puede tener entre uno y doscientos amigos.

Finalmente, tenemos el nivel de comunidad más alto y estrecho, que es el nivel de familia. Cuando se está conectado a este nivel, la persona tiene de diez a cincuenta relaciones que realmente la conocen y son conocidas por ella. Puede contar con que estarán allí en los momentos de necesidad y dolor, así como ella por ellos. Gálatas 6:2 se desarrolla en este nivel: "Sobrellevad los unos las cargas de los otros, y cumplid así la ley de Cristo". Hebreos 10:24–25 también: "Y considerémonos unos a otros para estimularnos al amor y a las buenas obras; no dejando de congregarnos, como algunos tienen por costumbre, sino exhortándonos; y tanto más, cuanto veis que aquel día se acerca".

Cuando la comunidad alcanza el nivel de familia, si por alguna razón usted deja de asistir a la iglesia, ¡sin duda lo notarán! Se encargarán de buscarlo para saber cómo está.

En cualquier iglesia, pero especialmente en una iglesia del tamaño de la nuestra, es posible asistir durante meses e incluso años sin lograr una conexión. Nosotros hemos tratado de poner en práctica tácticas que animen y capaciten a las personas a subir en la escala comunitaria en vez de quedarse en la periferia.

Frecuentemente tocamos el tema de la comunidad. Hacemos énfasis en ello. Y tal vez lo más importante, como en el caso de la guardería gratuita para ayudar a los que asisten a los grupos pequeños, enfocamos nuestro presupuesto en alcanzar el éxito en este sentido.

Todas estas cosas nos ayudan a acercarnos a nuestro objetivo de crear una cultura de comunidad.

Conclusión

BIEN, ASÍ FUE COMO OCURRIÓ. AL PRINCIPIO PROMETÍ EXPLICAR, NO lo que hacemos en la Iglesia Gateway, sino por qué lo hacemos. En otras palabras, quería presentarle con humildad y gratitud los principios, propósitos, y motivos que han impulsado nuestras decisiones desde que fundamos a Gateway en el año 2000. He tratado de hacerlo lo mejor posible.

Al concluir, quiero que sepa que si usted es un pastor o líder de iglesia, tiene todo mi apoyo. Quiero que su iglesia sea fuerte, vibrante, y saludable. Que tenga claro que si su iglesia es saludable, el crecimiento será el resultado natural. Y el crecimiento para su iglesia significa más conversiones, más creyentes discipulados, más sacerdotes preparados para el ministerio, más predicación, más restauraciones, y más amor de Dios transformador en los sitios de trabajo y en el mercado.

Sé que suena trillado, pero usted y yo jugamos en el mismo equipo. En la batalla por las almas en el planeta tierra, ganaremos juntos. Recuerdo ahora las palabras de Pablo:

> "Y el que planta y el que riega son una misma cosa; aunque cada uno recibirá su recompensa conforme a su labor. Porque nosotros somos colaboradores de Dios, y vosotros sois labranza de Dios, edificio de Dios. Conforme a la gracia de Dios que me ha sido dada, yo como perito arquitecto puse el fundamento, y otro edifica encima; pero cada uno mire cómo sobreedifica" (1 Co. 3:8–10).

¡Colaboradores de Dios! ¡Qué gran honor para nosotros! Somos constructores con Dios, y si hemos de construir la iglesia, tenemos que convertirnos en buenos maestros de obra como Pablo. Esta

clase de constructores de iglesias deben tener cuatro características fundamentales.

Primero, los maestros de obra se guían por un proyecto. No improvisan. Recuerde que Dios le pidió a Moisés que construyera según el modelo que se le había mostrado (ver Éx. 25:40). Así como Dios le dio a Moisés un modelo para construir el tabernáculo, a nosotros nos ha dado en la Biblia un modelo para construir la iglesia.

En una ocasión hablé con un predicador joven y sincero que me dijo: "Quiero una iglesia que se enfoque exclusivamente en las nuevas generaciones". ¿Cuál fue mi respuesta? Le dije: "Eso es maravilloso, pero eso no es una iglesia sino un ministerio de jóvenes". El ministerio de jóvenes se dedica a las nuevas generaciones, y no tiene nada de malo que se lo catalogue con ese nombre. Es un llamado noble. Pero la iglesia se enfoca en todas las generaciones, todas las culturas, todas las razas, y en ambos géneros. Los jóvenes son solo una parte del espectro. La iglesia puede tener un ministerio de jóvenes, pero un ministerio de jóvenes no puede ser una iglesia.

Hemos sido llamados a ser constructores, no arquitectos. Ya los planos existen. Y esa es una de las cosas que me preocupan de algunos libros, charlas, y seminarios que hablan sobre "reinventar" la iglesia. Pareciera que nos aburrimos del patrón y necesitamos uno nuevo. Yo no estoy en contra de la aplicación de nuevos métodos, pero sí de adoptar un nuevo mandato aparte del que tenemos desde hace dos mil años: ¡Id a hacer discípulos!

Vivimos en un mundo que cada día se especializa más. Desde los trabajos hasta los utensilios de cocina, todo es cada vez más especializado. Donde antes había dos o tres canales de televisión, ahora hay cuatrocientos dedicados a cada tipo de público que usted pueda imaginar. Antes solo existían dos clases de café: el normal y el descafeinado. Ahora se necesita un organigrama y un iPad para poder elegir uno.

No me malinterprete. Yo no soy un viejito gruñón y malhumorado que se queja de los últimos artilugios que están acabando con todo. A mí me gustan los cambios en las cosas que pueden ser mejoradas. Pero no podemos mejorar el patrón que Dios mismo ha creado para lo que la iglesia debe ser y hacer. Podemos modernizar nuestros métodos

(¡En Gateway lo hemos hecho!). Y ciertamente podemos emplear el poder de la tecnología para predicar la verdad (¡Nosotros lo hacemos!). Pero de lo que no podemos apartarnos es del hecho de que Jesús vino a fundar una *ecclesia*, es decir, una comunidad diversa.

Secretos para una iglesia de bendición

Hemos sido llamados a ser constructores, no arquitectos. Ya los planos existen. No podemos apartarnos es del hecho de que Jesús vino a fundar una *ecclesia*, una comunidad diversa.

> "Edificados sobre el fundamento de los apóstoles
> y profetas, siendo la principal piedra del ángulo
> Jesucristo mismo, en quien todo el edificio, bien
> coordinado, va creciendo para ser un templo
> santo en el Señor; en quien vosotros también sois
> juntamente edificados para morada de Dios en el
> Espíritu" (Col. 2:2).

En una época caracterizada por la especialización y la personalización, se nos ha asegurado que el secreto del mercadeo consiste en encontrar un nicho. Los pastores toman en serio este consejo y entonces deciden especializar en *algo* a su iglesia. Yo he escuchado la lista de especialidades:

"Nos especializamos en alcanzar a los perdidos".

"Vamos en busca de los que no tienen una iglesia".

"Hemos sido llamados a hablarles a los de la generación Y".

"Nos vamos a dedicar a las misiones".

"Nos vamos a enfocar en la compasión a los pobres y los oprimidos".

Todas estas cosas son maravillosas y ciertamente han nacido del corazón de Dios y forman parte de la misión. Pero desde ese día extraordinario en que el Espíritu Santo fue derramado sobre un diverso grupo de ciento veinte personas que estaban reunidas (*ecclesia*) en el Aposento Alto hasta ahora que usted tiene este libro en sus manos, el significado de "iglesia' ha sido reunir "a todo el que quiera" unirse (Mt. 16:25), prepararlo para el ministerio, y presentar ante el mundo perdido una imagen panorámica de Jesús a todo color y en tercera dimensión.

Pablo explica en Efesios que Jesús le ha dado a su Iglesia cinco presentes que consisten en cinco dones ministeriales. Estos dones tiene un propósito específico, hasta que se alcance un objetivo específico:

> "Y él mismo constituyó a unos, apóstoles; a otros, profetas; a otros, evangelistas; a otros, pastores y maestros, a fin de perfeccionar a los santos para la obra del ministerio, para la edificación del cuerpo de Cristo, hasta que todos lleguemos a la unidad de la fe y del conocimiento del Hijo de Dios, a un varón perfecto, a la medida de la estatura de la plenitud de Cristo" (Ef. 4:11–13).

Como maestros de obras nosotros no escogemos el tipo de casa que estamos construyendo.

Ahora, yo creo que el Señor nos permite escoger el tipo de piso y la pintura de la casa (para ir un poco más allá con la metáfora), pero no podemos cambiar las habitaciones. El Arquitecto ha planificado que usted necesita una cocina, pues debe alimentar a la gente. También necesita una sala porque debe tener un lugar en el que la gente tenga comunión con Él. Estas no son cosas opcionales. Necesita habitaciones en las que ellos puedan descansar de la batalla.

Es verdad que la intención de Dios es alcanzar a los perdidos y a los que no tienen iglesia, pero como he repetido varias veces, estoy convencido de que el plan de Dios para hacerlo es preparar a su pueblo para que comparta su fe allí en sus lugares de trabajo, en las reuniones de la escuela de sus hijos, y en el supermercado.

En la primera clase para nuevos miembros que tuvimos en Gateway, alguien me preguntó:

—¿Tiene usted una estrategia de evangelización para el crecimiento de la iglesia?

—Sí—le respondí—. Nuestra estrategia es "alimentar a las ovejas". Las ovejas fuertes y saludables buscan a otras ovejas.

Esto me lleva a la segunda característica de un buen maestro de obras: construye con calidad. Con esto quiero decir que formamos creyentes de alta factura. Formamos personas que representan lo mejor de lo que puede ser un seguidor de Jesús. No necesito recordarle que su iglesia no es el templo. Su iglesia es su gente (de hecho es la gente *de* Dios). Por lo tanto, la calidad de la iglesia que usted está construyendo está definida por la calidad de la gente que usted prepara.

Nosotros nos esforzamos en tener siempre presente que hemos sido llamados a formar personas y, vuelvo a decirlo, ese ha sido nuestro objetivo desde un principio. Nuestro lema es "Nos enfocamos en la gente". ¡Usted también puede ser un constructor de calidad!

Tercero, los buenos constructores edifican con amor. Yo he conocido a varios constructores a lo largo de los años, y los mejores de ellos muestran pasión al realizar su trabajo. Les encanta lo que hacen. Disfrutan con los resultados y llevando a las familias a sus nuevos hogares. De la misma manera, las mejores iglesias que conozco están dirigidas por personas a quienes les encanta edificar a los demás.

Si usted ha perdido su amor por la gente, lo insto de corazón a tomarse un tiempo. Tome un descanso sabático, reconéctese con Dios, y busque la manera de expresarlo a través del llamado que ha recibido. Pare de estar haciendo las cosas mecánicamente. Actúe como pastor, y no como un gerente que predica. Usted no podrá ser un buen maestro de obras si ha perdido su pasión por el pueblo de Dios.

Finalmente, un buen maestro de obras debe saber construir y pelear al mismo tiempo. No es necesario que le recuerde que estamos en una guerra. A Satanás le encantaría sacarlo del juego, y él se lo toma en serio. Ya lo hemos visto antes, ¿no es así? Hemos visto cómo hombres y mujeres que aman a Dios han caído en las trampas y artimañas que les tiende el enemigo.

Tenemos que ser como Nehemías y sus hombres, que llevaban una herramienta de construcción en una mano, y un arma en la otra (ver Nehemías 4:17). Esto es esencialmente lo que involucra una dirección pastoral y liderazgo exitosos.

Por eso es que todos los integrantes de nuestro personal cuentan con un equipo de intercesores que oran por ellos habitualmente. Este es de hecho uno de los requerimiento para pertenecer a nuestro equipo: usted tiene que escoger a un grupo de personas consagradas que se encarguen de orar por usted.

Cuidémonos también de criticar a los que fallan. Pablo dice en Romanos 14:4: "¿Tú quién eres, que juzgas al criado ajeno?". Recuerde las palabras de Gálatas 6:1: "Hermanos, si alguno fuere sorprendido en alguna falta, vosotros que sois espirituales, restauradle con espíritu de mansedumbre, considerándote a ti mismo, no sea que tú también seas tentado". Ellos conforman el edificio de Dios. Ellos son el campo de Dios. Todos somos colaboradores con Él.

UNA ÚLTIMA PALABRA DE ALIENTO

Yo me esfuerzo por ser un buen maestro de obras. Trato de tener siempre presente que estoy construyendo algo que no me pertenece. Yo solo soy el mayordomo, y aún no he terminado mi trabajo. He sido insuficiente en algunos aspectos, pero sirvo a un Dios que es paciente y misericordioso.

Por eso, quiero terminar pidiéndole que no se desanime. De todas las armas que el enemigo esgrime contra los pastores, el desánimo es la común y la más letal. Nadie puede hacer que un sembradío crezca en un día. Tampoco se puede construir una casa en un día. Se necesita tiempo.

En relación con todo el trabajo, la oración, la planificación, y las dificultades que usted ha tenido que sufrir para seguir el llamado de Dios en su vida, nada más alentador que las palabras del Espíritu Santo expresadas a través del escritor de la Epístola a los Hebreos:

"Porque Dios no es injusto para olvidar vuestra obra y el
trabajo de amor que habéis mostrado hacia su nombre,
habiendo servido a los santos y sirviéndoles aún" (Heb. 6:10).

Recuerde también las palabras de Gálatas:

"No nos cansemos, pues, de hacer bien; porque a su tiempo segaremos, si no desmayamos" (Gl. 6:9).

Al terminar estos últimos párrafos tengo la fuerte impresión de que los versículos anteriores serán palabra de ánimo del Señor para usted.

¡Siga perseverando! Formemos personas de bendición. Construyamos una iglesia de bendición. Esta es mi oración para usted:

Señor, te pido que tomes las verdades de tu Palabra y las arraigues profundo en nuestros corazones. Te pido por los constructores, que nos des tu gracia y poder para ser maestros de obra. Elevo a ti a los pastores de tu rebaño. Colócanos en el corazón del Gran Pastor. Te pido que bendigas y fortalezcas a todos los que han respondido a tu excelso llamado de servir a tu pueblo y de alcanzar a aquellos que aún no te han aceptado. Derrama tu vida y tu luz sobre la obra de sus manos. Te pedimos iglesias de bendición para el avance de tu Reino y para tu gloria y tu honra.

En el nombre de Jesús.

Amén.

Sobre el autor

ROBERT MORRIS es el fundador y pastor principal de la Iglesia Gateway, una iglesia evangelística y llena del Espíritu Santo de múltiples sedes, ubicada en el "Metroplex" de Dallas/Fort Worth, en Texas, Estados Unidos. Desde sus inicios en el año 2000, la iglesia ha crecido vertiginosamente hasta alcanzar más de veinticuatro mil miembros activos. Robert es el presentador del programa de televisión semanal The Blessed Life, transmitido a unos noventa millones de hogares en Estados Unidos y más de doscientos países alrededor del mundo.

Robert tiene un doctorado en literatura, y forma parte de la junta directiva de la King's University. Es autor de diez libros que han sido éxitos de ventas, incluyendo: *The Blessed Life, From Dream to Destiny, The Power of Your Words,* y *The God I Never Knew.*

Robert y su esposa Debbie han estado casados durante más de veintidós años y han sido bendecidos con tres hijos y tres nietos.

Robert
MORRIS

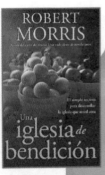

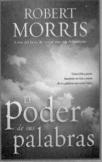

Para vivir la Palabra

www.casacreacion.com

Te invitamos a que visites nuestra página web, donde podrás apreciar la pasión por la publicación de libros y Biblias:

www.casacreacion.com

f @CASACREACION

@CASACREACION

@CASACREACION

Para vivir la Palabra